高职交通运输与土建类专业系列教材
Series of Textbooks for Transportation and Railroad Construction Higher Vocational College

铁 道 概 论

Introduction to Railway

第 2 版
2ND EDITION

张 立 主 编
王 珏 主 审

人民交通出版社股份有限公司
北 京

内 容 提 要

本书是高职交通运输与土建类专业系列教材之一。书中全面、系统地介绍了铁路基本知识和基本原理。全书共分为八章，第一章介绍现代交通运输的种类、性质和作用，以及铁路运输业；第二、三章分别介绍铁路线路、铁路车站的基本知识；第四、五章分别介绍铁路车辆、铁路机车的基础知识；第六章介绍铁路动车组的概念、基本构造及技术特点；第七章介绍铁路信号与通信设备；第八章介绍铁路运输组织工作。

本书可作为高职院校铁道运输类相关专业教材使用，也可供铁路相关从业人员学习参考。

图书在版编目（CIP）数据

铁道概论 / 张立主编. — 2版. — 北京：人民交通出版社股份有限公司，2021.9
ISBN 978-7-114-17389-9

Ⅰ.①铁… Ⅱ.①张… Ⅲ.①铁路工程②铁路运输 Ⅳ.①U2

中国版本图书馆 CIP 数据核字(2021)第 110662 号

Tiedao Gailun

书　　名：	铁道概论（第2版）
著 作 者：	张　立
责任编辑：	李　娜
责任校对：	孙国靖　龙　雪
责任印制：	刘高彤
出版发行：	人民交通出版社股份有限公司
地　　址：	(100011)北京市朝阳区安定门外外馆斜街3号
网　　址：	http://www.ccpcl.com.cn
销售电话：	(010)59757973
总 经 销：	人民交通出版社股份有限公司发行部
经　　销：	各地新华书店
印　　刷：	北京市密东印刷有限公司
开　　本：	787×1092　1/16
印　　张：	11
字　　数：	285 千
版　　次：	2013 年 9 月　第 1 版 2021 年 9 月　第 2 版
印　　次：	2024 年 7 月　第 2 版　第 3 次印刷
书　　号：	ISBN 978-7-114-17389-9
定　　价：	35.00 元

(有印刷、装订质量问题的图书由本公司负责调换)

前 言

"铁道概论"是铁路高等职业院校开设的一门专业基础课程,其任务是全面、系统而又扼要地介绍铁路运输业的基本知识,通过学习使学生对铁路运输业有一个全面的了解和认识。其主要内容包括现代交通运输业的种类、性质和作用,我国及世界铁路的建设与发展;铁路线路、车站、车辆、机车、动车组、牵引供电系统、信号及通信设备等的基本构造和基本原理;铁路旅客运输组织、货物运输组织、行车组织、运营管理和运输安全管理的基本知识。

目前,我国铁路发展突飞猛进,技术创新、体制改革、列车提速、高速铁路建设、服务理念转变等给铁路运输业带来了巨大的变化。为了体现行业中出现的新技术、新设备、新材料和新理论,满足铁路高职高专学生学习的需要,编者编写了本书。本书内容广而不专,叙述简洁,通俗易懂,图文并茂,主要适合铁路高职院校学生使用,也适合铁路各基层站段职工岗前培训,以及铁路各类干部、职工学习铁路知识之用。

本书由天津铁道职业技术学院张立副教授主编,天津铁道职业技术学院王珏副教授主审。具体编写分工为:第一、二、三章由张立编写,第四、六章由天津铁道职业技术学院林桂清教授编写,第五章由中国铁路北京局集团有限公司天津机务段高级技师张沛森编写,第七章由天津铁道职业技术学院秦武教授编写,第八章由天津铁道职业技术学院王金香副教授编写。

由于编者水平有限,书中不足之处在所难免,敬请各位读者提出宝贵意见。

编 者
2021 年 5 月

目 录

第一章 绪论 …………………… 1
  第一节 现代交通运输的种类、性质和作用 …………………… 2
  第二节 铁路运输业 …………… 5

第二章 铁路线路 ……………… 11
  第一节 概述 …………………… 12
  第二节 铁路线路的平面和纵断面 …………………… 14
  第三节 路基和桥隧建筑物 …… 19
  第四节 轨道 …………………… 23
  第五节 线路标志和限界 ……… 31
  第六节 工务工作 ……………… 32
  复习思考题 …………………… 34

第三章 铁路车站 ……………… 37
  第一节 概述 …………………… 38
  第二节 中间站 ………………… 44
  第三节 区段站 ………………… 46
  第四节 编组站 ………………… 48
  第五节 高速铁路车站 ………… 54
  第六节 铁路枢纽 ……………… 57
  复习思考题 …………………… 59

第四章 铁路车辆 ……………… 61
  第一节 概述 …………………… 62
  第二节 车辆构造 ……………… 68
  第三节 车辆检修制度 ………… 80
  第四节 车辆检测系统 ………… 82
  复习思考题 …………………… 84

第五章 铁路机车 ……………… 87
  第一节 概述 …………………… 88
  第二节 内燃机车 ……………… 89
  第三节 电力机车 ……………… 92
  第四节 机车运用与检修 ……… 97
  复习思考题 …………………… 100

第六章 铁路动车组 …………… 101
  第一节 概述 …………………… 102
  第二节 动车组的基本构造及技术特点 …………………… 103
  第三节 我国铁路动车组 ……… 105
  复习思考题 …………………… 112

第七章 铁路信号与通信设备 … 113
  第一节 铁路信号基础设备 …… 114
  第二节 联锁设备 ……………… 119
  第三节 闭塞设备 ……………… 123
  第四节 列车运行控制系统与机车信号 …………………… 125
  第五节 调度控制系统 ………… 127
  第六节 铁路通信设备 ………… 130
  复习思考题 …………………… 135

第八章 铁路运输工作组织 …… 137
  第一节 旅客运输组织 ………… 138
  第二节 货物运输组织 ………… 146
  第三节 铁路行车组织 ………… 154
  第四节 铁路运输安全 ………… 163
  复习思考题 …………………… 165

参考文献 ……………………… 167

第一章

绪论

第一节　现代交通运输的种类、性质和作用

一　现代交通运输业的种类

运输业是交通运输业的简称,指从事运送旅客和货物的物质生产部门。人们为了生产和生活的需要,从利用人力、畜力、水力、风力进行搬运开始,逐步发展到利用各种交通运输工具,形成了以铁路、公路、水运、航空、管道等运输方式为主的现代运输业。每种运输方式都有各自的特点和适用范围。

(一)铁路运输

铁路运输是以固定轨道作为运输线路,由机车车辆运送旅客和货物的运输方式。铁路运输方式具有以下特点:

(1)运量大。目前,我国铁路的一列货物列车一般都能运送几千吨货物,重载货物列车可以运送万吨以上货物。

(2)速度快。我国铁路还有少量旅客列车运行速度在80km/h左右,特快旅客列车为120～160km/h,高速旅客列车可达200km/h以上,大部分长途旅客列车可以实现夕发朝至。铁路货运每昼夜的行驶距离也有几百公里,比水路运输快得多。

(3)运输成本低。铁路运输成本只有公路的十几分之一到几分之一,比航空运输更低。

(4)安全、准时与可靠。铁路运输基本上不受气候条件的影响,一年四季可以不分昼夜地进行连续运输。铁路运输有可靠的安全行车设施和保证安全的规章制度,所以安全可靠是铁路运输的一大重要特点,同时在所有的运输方式中,铁路运输又是最准时的。

(5)建设周期长,初期投资大。修建铁路、架桥、开凿隧道需要大量的钢铁、水泥、木材及各种设备,要完成大量的土石方工程,从开始修建到投入运营的时间周期较长,初期投资较大。

铁路运输适用于中、长距离的大宗货物和旅客运输。

(二)公路运输

公路运输是以公路为基础,主要以汽车为运送工具实现运送旅客和货物的运输方式。现代所用运输工具主要是汽车,因此,公路运输一般即指汽车运输。汽车运输具有以下特点:

(1)灵活性强。公路可以延伸到陆地的每个角落,可以实现"随叫随到""从门到门",避免运输途中的换车倒装。汽车运输机动灵活,可以根据旅客或货主的意愿而随时改变运输方向。

(2)运输速度快。一般可达50km/h以上。

(3)一般公路修建造价较低。由于汽车对路面的适应能力强,所以一般公路的修建简单易行,且造价低廉,养护方便。

汽车运输主要用于短途和小量的运输,它常与铁路运输、水运、航空运输等相衔接,集散货物,接送旅客。但是汽车运输的运载能力较小,此外,汽车运输能源消耗多、环境污染大、运输成本高是其主要缺点。

(三) 水路运输

水路运输是以船舶为交通工具,在水域沿航线载运旅客和货物的一种运输方式。水路运输按航行的区域分为远洋运输、沿海运输和内河运输三种类型。水路运输具有以下特点:

(1) 运载能力大。内河运输的大型轮船可载运近万吨货物,在海洋运输中,目前世界上超巨型油轮的载质量可达 55 万 t,巨型客船也可达 8 万 t。

(2) 运输成本低。由于水路运输耗用的能源少,而且海运航线都取港口间的最短距离,所以成本只有铁路运输的一半。

(3) 投资小。水路运输可利用天然的水道,不需太多的人工整治。

水路运输适用于运送大宗、大件和笨重的货物。水路运输的缺点是速度慢,受自然条件的限制大。

(四) 航空运输

航空运输是用飞机运送旅客、货物的运输方式。航空运输在 20 世纪崛起,它的最大优点是速度快,具有较大的机动性,可以迅速到达其他运输工具难以到达的地方。但它最大的缺点是运载能力小,运输成本高,而且受气候条件影响大。航空运输适用于长途旅客和邮件、贵重物品、紧急物资的运输。

(五) 管道运输

管道运输是以管道作为运输通道,并备有固定式机械动力装置的现代化运输方式。管道运输是近几十年来得到迅速发展的一种运输方式,主要以流体能源石油、天然气、成品油为运输对象,现在还可以运输煤和矿石等货物。管道运输具有运送能力大、效率高、成本低、能耗小等优点。管道运输所用的管道埋于地下,具有占地少、不受地形限制、不受气候影响、能长期稳定运行、沿线不产生噪声且漏失污染少等优点,是一种很有发展前景的现代运输方式。但管道运输由于长期定点、定向、定品种运输,调节范围窄且不能输送不同品种的货物。

综上所述,各种运输方式都有优缺点,又都有各自最适合的应用范围。目前,我国交通运输业发展很快,一个四通八达的综合运输体系已初步形成。然而,我国运输业还不能充分满足国民经济发展的需要,各种运输方式处于一个相互竞争而又共同发展的时期,要做到合理布局,科学分工,协调运营,经济利用,形成科学的综合运输体系。在运输系统内部,长途运输之间存在着如何充分发挥各自优势,更好地协调配合的问题。我国的干线运输能力仍显不足,尤其是铁路运输能力相对短缺,一方面,要加快建设铁路运输网;另一方面,要重视和发挥海运和内河航运的作用。由于水运交通干线只能沟通城市的主要工矿地区,不能延伸到广大腹地,因此,充分发挥短途运输的作用,做好与干线运输的衔接,十分必要。总之,各种运输方式都有自己的优缺点和适用范围,既相互独立,又相互依存,既有协作,又有竞争。只有多元化的综合利用、合理布局、协调发展,建成科学的综合运输体系,才能对我国的国民经济发展发挥最大的作用。

现代交通运输业的性质

现代交通运输业是国民经济的有机组成部分,它具有物质生产和为社会公众服务的多重属性,是一个具有明显服务功能的物质生产部门。交通运输是生产过程在流通领域中的继续,是独立的物质生产部门,它参与社会物质财富的创造。运输生产不能改变劳动对象的性质和形态,而只是改变其在空间的位置。因此,运输生产的产品是劳动对象在运输生产过程中的位置变化——位移。其产品是以运送旅客所产生的"人·公里"和运送货物所产生的"吨·公里"来计量的。

(一)运输业具备生产力的三要素

劳动者、劳动对象和劳动资料是生产力的三要素,人们借助于劳动资料,作用于劳动对象,使之适合自己的需要就是物质生产。以铁路为例:线路、站场、机车车辆等各种固定和移动的设备,是铁路运输业从事物质生产的劳动资料;铁路职工利用劳动资料,按照旅客和货主的要求,有目的地改变旅客和货物在空间上的位置,由此发生的场所变动,就是运输生产的产品。铁路职工是劳动力,旅客和货物是服务对象。运输业对它的劳动对象只提供服务,而不能自由支配。

(二)运输是进行物质产品生产的必要条件

运输业不创造新的物质产品,不改变劳动对象的形状和性质,只变动劳动对象的空间位置,但它是进行物质生产的必要条件,也是物质生产过程不可缺少的重要环节。

(三)运输业产品的特点

运输业产品的计算单位是"人·公里"或"吨·公里",为了统计上的方便,通常采用换算吨公里来计算。运输业的产品不能储存、调拨和积累,这是因为运输业的产品——旅客和货物的位移与运输过程不能分离,即位移的生产和消费是同时进行的,在它生产出来的同时就已经被消费了。

三 现代交通运输业的作用

交通运输业是国民经济的命脉,国民经济发展的规模和速度在很大程度上是以交通运输业的发展为前提条件。交通运输业也是流通领域的支柱,它是沟通工农业、城乡、地区、企业之间经济活动的纽带,是面向社会为公众服务的公用事业,是对国民经济和社会发展具有全局性、先行性影响的基础行业。

(1)运输业中的交通网络,就好像是布满全国各地的脉络,把全国联成一个统一的整体,为团结各民族、提高人民的生活水平发挥着重要的作用。

(2)运输业把国民经济中各生产部分的产、供、销有机地结合在一起,成为发展社会主义市场经济和工农业现代化的先导。

(3)运输业尤其是铁路运输业,对巩固国防、实现国防现代化以及在反侵略战争中具有重要的作用,甚至是用经济尺度所不能衡量的。

(4)运输业在对外开放、对外贸易和发展世界各民族间的友好往来以及在国际间经济、技术、文化交流中发挥着重要的作用。

第二节 铁路运输业

 铁路运输业的发展史

从1825年世界第一条公用铁路——斯托克顿至达林顿铁路在英国出现,揭开了铁路运输的序幕,距今已有190多年的历史。16世纪中叶,英国开始兴起采矿业,为提高运输效率,在道路上铺了两根平行的木材作为轨道。17世纪时,将木轨换成了角铁形状的钢轨,角铁的一边起导向作用,马车则在另一条边上行驶。后经多年的改进,才逐渐形成今天的钢轨。因此,各国至今都沿用"铁路"这一名称。

自从英国修建世界第一条由蒸汽机车牵引的铁路以后,由于它显著的优越性,备受人们的青睐,在很短的时间内,铁路运输得到了迅速的发展。到20世纪末,世界铁路运营总里程已达130万km以上。从地理分布上看,美洲铁路约占世界铁路总长的2/5,欧洲占1/3,而非洲、大洋洲和亚洲的总和还不到1/3。由此可以看出,世界铁路的发展和分布情况极不平衡,而且在修建和发展铁路的趋势上也不尽相同。

继英国1846年采用了臂板信号机、1868年采用了自动车钩和空气制动系统后,铁路的行车速度和可靠性大大增加,铁路运输得到很大的发展。此后,特别是第二次世界大战以后,在第三次工业革命浪潮的推动下,世界交通领域发生了革命性变化,传统的陆路运输格局被彻底改变,公路、航空、管道等现代交通运输方式迅速兴起,对铁路形成了强大的替代性竞争,综合交通运输体系逐步形成,再加上铁路自身管理体制的不适应和经营管理不善等原因,使得铁路在这一时期发展相对迟缓,在有的国家和地区甚至出现停滞局面,造成世界铁路网规模缩小、客货运量比重下降、经营亏损严重,铁路发展进入了低谷,一度被视为"夕阳产业"。

1973年,世界能源危机,使公路和航空运输发展受到限制,而铁路运输受此影响相对较小,并且运输过程中排放的废气及产生的噪声对生态环境的污染与其他交通运输工具相比最低。特别是高速、重载铁路运输的出现,更使人们认识到铁路在国民经济发展和人民物质文化生活水平提高中具有不可忽视的地位和作用。世界各国铁路正在步入一个新的发展时期,铁路网结构进一步优化,质量有了新的提高,客货运量实现了较大回升。

 我国铁路运输业的发展

(一)旧中国的铁路

我国铁路迄今已有100多年的历史。我国第一条铁路是1876年在上海修建的吴淞铁路,它是英国侵略者采用欺骗的手段修建的。该铁路从上海至吴淞镇,全长14.5km,轨距762mm。这条铁路后被清政府以28.5万两白银收回并拆除。

我国自己修建的第一条铁路是1881年修建的唐山到胥各庄的唐胥铁路,是清政府为了解决煤炭运输问题而修建的,铁路全长10km。唐胥铁路的建成,开启了中国铁路的首创阶段,被后人称为"中国铁路建筑史的正式开端"。

由中国人自己集资、设计并修建的准轨铁路,是1891年和1893年先后通车的基隆至台北、台北至新竹两条铁路,全长100km。

最值得中国人为之骄傲的铁路,是在杰出的铁路工程师詹天佑领导下,由中国工程技术人员主持、设计、施工的京张铁路(北京丰台至张家口)。该铁路于1905年10月开工,1909年10月建成,比原计划提前两年,全长201km,轨距采用1435mm。京张铁路工程相当艰巨,因为自南口进入燕山山脉的军都山后,岭高坡陡,需人工开凿4座隧道。由于这一带地势很陡,坡度很大,为使列车安全通过山岭,詹天佑在青龙桥车站设计了"之"字形展线方案,解决了这一难题。京张铁路设计和建设的成就,充分显示了中国人民的智慧和力量,在中国铁路史上写下了光辉的篇章。

旧中国的铁路具有浓厚的半封建半殖民地的性质和色彩,整个铁路事业的发展缓慢、畸形,设备杂乱,管理落后。

一是数量少、分布偏。全国仅有的2万多公里铁路中能够维持通车的只有1万多公里,且大都分布在东北和沿海地区,而西北、西南只有1000多公里,仅占全国铁路的6%左右,能用的机车仅1700台,车辆3万余辆。

二是标准杂、质量差。全国轨距宽窄不一,连同一线路上的桥隧界限和曲线、坡度标准都不统一。铁路的技术设备陈旧落后、质量差、标准低、类型杂乱,线路病害多,行车安全得不到保障,连机车、钢轨都有百种之多,且30%的车站没有信号机,70%的线路没有闭塞设备。

三是管理分割、经营落后。大部分铁路借外债修建,又以路产和营业收入为担保,因此按投资的国别分线设局,分割管理,甚至一个铁路地区由几个铁路局管理。各铁路局各自为政、各行其是,不仅导致一条铁路实行多种规章制度、多套管理方法,也使车站和机务、工务、电务等设置重复,行车费用和员工人数增多,给旅客乘车、货主运货带来诸多不便。

(二)新中国铁路运输业的发展

新中国的铁路事业是以旧中国铁路的技术设备为物质基础,是人民政权在陆续接管、修复既有铁路的有利条件下创建起来的。新中国铁路的发展只用了比旧中国铁路少1/3左右的时间,却取得比旧中国铁路多几倍、十几倍甚至几十倍的成绩。

从1950年6月13日修建成渝铁路开始,打响了全国铁路建设的第一战役。经过我国铁路"一五"到"十三五"规划期间的建设,特别是1997年以来实施的全国铁路六次大提速和高速铁路的建设,使得我国铁路取得了长足的发展。

铁路领域"十三五"发展成就:

一是路网建设快速发展。"四纵四横"高速铁路主骨架全面建成,"八纵八横"高速铁路主通道和普速干线铁路加快建设,重点区域城际铁路快速推进。智能京张高铁、北煤南运重载通道浩吉铁路等一大批新线开通运营。全国路网布局持续优化,路网质量显著提高,中西部地区铁路网不断完善,枢纽及配套设施不断强化。截至2020年末,全国铁路营业里程达到14.6万km,其中高速铁路营业里程达3.8万km,"十三五"末基本形成布局合理、覆盖广泛、层次分明、安全高效的铁路网络。

二是运输质量显著提高。铁路行业着眼满足人民群众不断增长的铁路运输需求,大力实施铁路供给侧结构性改革,运输供给能力、服务品质、安全水平持续提升。客货运输能力大幅提升,旅客出行更加便捷,能源、资源等重点物资运输得到有力保障。铁路运输服务水平显著提高,旅客客票和货运票据实现了"电子化"。应急保障能力显著增强,运输安全持续稳定,特别是高铁运营安全世界领先。

三是装备水平全面提升。形成了具有独立自主知识产权的高铁建设和装备制造技术体系。复兴号中国标准动车组实现了时速350km商业运营,系列化产品谱系基本形成。智能型动车组在世界上首次实现了时速350km自动驾驶。铁路大功率机车、重载车辆、通信信号、牵引供电、养护维修检测设备以及施工机械装备水平大幅提升,智能化新技术应用不断创新。

四是铁路改革逐步深化。行业监管体系逐步完善,政府职能转变和简政放权成效明显。铁路投融资体制改革不断深化,地方政府、社会资本投资铁路比例大幅提升。中国国家铁路集团有限公司(以下简称"国铁集团")建立现代企业制度,京沪高铁公司等成功上市。铁路运输法治化、市场化改革进一步深化,营商环境进一步改善。

五是国际合作成果丰硕。服务"一带一路"建设,中国铁路标准国际化取得积极成效,铁路互联互通取得新突破。中老铁路标志性工程和雅万高铁标志性项目有序推进,亚吉铁路、蒙内铁路等一批项目建成投产。铁路技术装备出口全球100多个国家和地区。中欧班列快速发展,截至2020年9月底累计开行超过3万列,成为"一带一路"建设的重要成果和突出亮点。面对突如其来的新冠肺炎疫情,中欧班列对推动复工复产、稳定国际供应链产业链发挥了重要作用。

《新时代交通强国铁路先行规划纲要》明确提出,从2021年到21世纪中叶分两个阶段推进铁路发展目标:

一是到2035年,将率先建成服务安全优质、保障坚强有力、实力国际领先的现代化铁路强国。基础设施规模质量、技术装备和科技创新能力、服务品质和产品供给水平世界领先;运输安全水平、经营管理水平、现代治理能力位居世界前列;绿色环保优势和综合交通骨干地位、服务保障和支撑引领作用、国际竞争力和影响力全面增强。

现代化铁路网率先建成。铁路网内外互联互通、区际多路畅通、省会高效连通、地市快速通达、县域基本覆盖,枢纽衔接顺畅,网络设施智慧升级,有效供给能力充沛。全国铁路网20万km左右,其中高铁7万km左右。20万人口以上城市实现铁路覆盖,其中50万人口以上城市高铁通达。

创新引领技术自主先进。铁路自主创新能力和产业链现代化水平全面提升,铁路科技创新体系健全完善,关键核心技术装备自主可控、先进适用、安全高效,智能高铁率先建成,智慧铁路加快实现。

运输服务供给品质一流。高效率的全程服务体系和高品质的产品供给体系更加完善,全国1小时、2小时、3小时高铁出行圈和全国1天、2天、3天快货物流圈全面形成,人享其行、物畅其流、安全优质、人民满意。

铁路运输安全持续稳定。人防、物防、技防"三位一体"的安全保障体系健全有力,本质安全水平、安全预防及管控能力、应急处置及救援能力全面提升,高铁和旅客列车安全得到可靠保障,铁路交通事故率、死亡率大幅降低。

运营效率效益更加优良。运输效率、资源配置效率、资本运营效率持续提升,市场规模、经营发展质量不断跃升,主要运输经济指标保持世界领先,主要经营效益指标位居世界前列,国铁集团资本做强做优做大,国铁集团成为世界一流企业。

铁路治理体系健全高效。党对铁路的全面领导坚强有力,铁路管理体制机制更加健全,制度更加完备,人才队伍精良,市场环境优良,发展活力增强,国铁集团的行业主体作用突出,治理体系和治理能力实现现代化。

绿色骨干优势充分发挥。铁路与其他交通运输方式实现深度融合、优势互补,铁路比较优势更好发挥,铁路的客货运输市场份额持续提升,在现代综合交通运输体系中的骨干作用和地位明显增强。

支撑引领作用全面增强。铁路服务经济社会发展的作用更加显著,应对突发事件及自然灾害、完成急难险重任务、服务重大战略、维护国家安全的能力全面提升,铁路成为社会主义现代化建设的重要支撑。

国际竞争力、影响力跃升。中欧班列成为具有国际影响力的世界知名铁路物流品牌,中国成为全球铁路科技创新高地,铁路走出去的产业链和价值链向中高端聚集,中国铁路国际竞争力和影响力显著提升。

二是到2050年,全面建成更高水平的现代化铁路强国,全面服务和保障社会主义现代化强国建设。铁路服务供给和经营发展、支撑保障和先行引领、安全水平和现代治理能力迈上更高水平;智慧化和绿色化水平、科技创新能力和产业链水平、国际竞争力和影响力保持领先,制度优势更加突出。形成辐射功能强大的现代铁路产业体系,建成具有全球竞争力的世界一流铁路企业。中国铁路成为社会主义现代化强国和中华民族伟大复兴的重要标志和组成部分,成为世界铁路发展的重要推动者和全球铁路规则制定的重要参与者。

三 铁路运输业的特点与任务

(一) 铁路运输业的特点

铁路运输除了具备一般运输业的特点外,其自身还具有高度集中的特点,各工作环节须紧密联系、协同配合。

铁路运输生产过程是在全国纵横交错的铁路网上进行的。目前,在我国的铁路网上已拥有十几万公里线路,几千个车站,几百万职工,配备了大量的技术设备,设有运输、机车、车辆、工务、电务、供电、给水、信息等业务部门,每天有上万台机车和几十万辆车辆编成数以千计的各种列车及动车组列车,在四通八达的铁路线上昼夜不停地运行。同时,铁路运输的作业环节多而复杂,要求各单位和各工种间主动配合,紧密联系,协同运作,像一架庞大的联动机,环环紧扣,有节奏地工作。为此,在铁路运输组织工作中,必须贯彻高度集中、统一指挥的原则。

(二) 铁路运输业的任务

铁路运输的主要任务在于促进经济社会又好又快发展,开发有竞争力的客货运输产品,合理地组织运输生产过程,采取各种有力措施保证安全、迅速、经济、准确、便利地运送旅客和货物,以满足国家建设和人民生活的需要,适应保障国防建设的需要。

四 我国铁路的管理组织系统

为了保证我国铁路路网的完整性,坚持运输的高度集中、统一指挥和提高运输效率,我国铁路实行国铁集团—铁路局集团公司—站段三级管理。国铁集团统筹全局,统一管理全国铁路调度指挥工作,负责解决全路运输生产活动的重大问题;国铁集团下设18个铁路局集团有限公司,分别为中国铁路哈尔滨、沈阳、北京、太原、呼和浩特、郑州、武汉、西安、济南、上海、南昌、南京、成都、昆明、兰州、乌鲁木齐、广州铁路局集团有限公司和中国铁路青藏集团有限公司等,铁路局集团公司负责组织本公司范围内的运输生产活动,协调路内外、上下、左右的关系,满足经济和社会发展对铁路运输的需求;下设600多个站段,站段按车、机、工、电、辆、供6个专业设置,直接进行最基本的运输生产活动。

第二章

铁路线路

铁路线路是机车车辆和列车运行的基础。它直接承受由机车车辆轮对传来的巨大压力，并引导机车车辆轮对运行。铁路线路是一个整体的工程结构，基本组成包括路基、桥隧建筑物和轨道三大部分。

为了确保列车按规定速度安全、平稳、不间断地运行，以保证铁路运输部门能够高质量地完成客货运输任务，铁路线路必须经常保持完好状态。

第一节 概　述

一、铁路线路的勘测设计

在修筑一条铁路线路以前，应根据国家对这条铁路线路在政治、经济、国防等方面的要求，并结合该铁路的运营和工程条件，从全局出发，进行深入细致的调查研究和勘测，制订出若干个可选方案，从中选出一个最优方案进行设计。因此，铁路勘测设计是一个由全局到个体，由粗略到详尽逐步深化的调查研究和设计过程，必须严格按照一定的程序进行。根据基建程序要求铁路建设划分为以下三个阶段：

(1) 前期工作阶段。主要进行方案研究、初测和初步设计工作。

(2) 基本建设阶段。主要进行定测、技术设计和施工图设计，最后进行工程施工，在施工过程中修改设计、验交投产。

(3) 投资效果反馈。铁路运营一定年限后，由建设单位会同有关部门，对工程质量、技术指标和经济效益等进行考察验证，以评价设计和施工质量。

二、铁路等级和技术标准

(一) 铁路等级

铁路（线路）等级是铁路的基本标准。设计铁路时，首先要确定铁路等级。铁路的技术标准和装备类型都要根据铁路等级进行选定。

我国《铁路线路设计规范》(TB 10098—2017, J 2399—2017) 规定，铁路等级应根据其在铁路网中的作用、性质、设计速度和客货运量确定，分为高速铁路、城际铁路、客货共线铁路、重载铁路。其中客货共线铁路分为Ⅰ、Ⅱ、Ⅲ、Ⅳ级，具体条件见表2-1。

表2-1　铁　路　等　级

等　级	铁路在路网中的意义	近期年客货运量
Ⅰ	在路网中起骨干作用	大于或等于20Mt
Ⅱ	在路网中起联络、辅助作用	小于20Mt且大于或等于10Mt
Ⅲ	为某一地区或企业服务	小于10Mt且大于或等于5Mt
Ⅳ	为某一地区或企业服务	小于5Mt

注：近期指交付运营后第10年。年客货运量指重车方向的货运量与客车对数折算的货运量之和。1对/d旅客列车按1.0Mt（百万吨）货运量折算。

(二) 铁路主要技术标准

铁路主要技术标准按照高速铁路和城际铁路、客货共线铁路、重载铁路进行划分，见表 2-2。

铁路主要技术标准 表 2-2

高速铁路、城际铁路	客货共线铁路	重 载 铁 路
铁路等级	铁路等级	铁路等级
设计速度	旅客列车设计速度	货物列车设计速度
正线数目	正线数目	正线数目
正线线间距	最小曲线半径	设计轴重
最小曲线半径	限制坡度	最小曲线半径
最大坡度	牵引种类	限制坡度
动车组编组辆数(城际铁路)	机车类型	牵引种类
到发线有效长度	牵引质量	机车类型
列车运行控制方式	到发线有效长度	牵引质量
调度指挥方式	闭塞类型	到发线有效长度
最小行车间隔		闭塞类型

这些标准是确定铁路能力大小的决定因素,一条铁路选用不同的标准,对设计线路的工程造价和运营质量有重大影响,同时又是确定设计线路的工程标准和设备类型的依据。

选定铁路主要技术标准是设计铁路的基本决策,应根据国家要求的年输送能力和确定的铁路等级,考虑沿线资源分布和国家科技发展规划,并结合设计线路的地形、地质、气象等自然条件,经过论证比选,慎重确定。

线路等级不同,在线路平、纵断面设计中所采用的标准和装备的类型也不一样,所以在进行设计时,首先要确定铁路的等级。

线路分类

铁路线路种类很多,除了按等级分类外,也可按其他方式来分类。

(一) 按线路用途划分

铁路线路可分为正线、站线、段管线、岔线及特别用途线。
正线:是指连接车站并贯穿或直股伸入车站的线路。
站线:是指为满足车站有关作业要求而配置的线路。
段管线:是指由机务段、车辆段、工务段、电务段等业务段专用并由其管理的线路。
岔线:是指在区间或车站内接轨,通向有关单位的专用线路。
特别用途线:是指专为行车安全而设置的安全线和避难线。

(二) 按线路正线数目划分

铁路线路可分为单线、双线、部分双线、多线线路等。
单线铁路:是指区间只有一条正线的铁路线路。
双线铁路:是指区间有两条正线的铁路线路。
部分双线铁路:是指在一个区段内只有部分区间为双线的铁路线路。
多线铁路:是指区间正线为三条以上的铁路线路。

(三) 按列车运行速度划分

铁路线路可分为高速铁路、准高速(快速)铁路和普速铁路。

高速铁路：列车运行速度在 200km/h 及以上的客运专线。
准高速铁路：列车运行速度在 160～200km/h 的铁路。
普速铁路：列车运行速度在 160km/h 以下的铁路。

另外，线路的分类还可按钢轨的连接方式不同划分，有普通铁路线路和无缝铁路线路；按运行列车种类不同，可划分为高速铁路、城际铁路、客货共线铁路、重载铁路。

第二节　铁路线路的平面和纵断面

铁路线路在空间的位置是用它的线路中心线表示的。线路中心线在水平面上的投影，称作铁路线路的平面。线路中心线（展直后）在垂直面上的投影，称作铁路线路的纵断面。

从运营的观点来看，最理想的线路是既直又平的线路，但是天然地面情况复杂多变（有山、水、沙漠、森林、矿区、城镇等障碍物和建筑物），如果把铁路修得过于平直，就会造成工程数量和工程费用大，且工期长，这样既不经济，又不合理，有时也不现实。从工程角度来看，为了降低造价，缩短工期，铁路线路最好是随自然地形起伏变化，但是这会给运营造成一定困难，有时甚至影响铁路行车的安全与平稳。

因此，选定铁路线路的空间位置，应该综合考虑工程和运营的要求，通过方案比较，在满足运营基本要求的前提下，尽量减少工程量，降低造价。如图 2-1 所示，某铁路线路要从 A、B、C 三点经过，若走最短路径，则可将 A、B 和 B、C 分别用直线相连。这样一来，在 AB 线段上要两跨河流，在 BC 线段上要穿越山岭，从而增大工程量和工程难度，加大工程造价，因此，一般情况这一方案是不经济、不合理的。为了降低工程量和工程造价，适应自然地面的变化，有必要用折线 ADB 和 BEC 来代替 AB 和 BC，使其绕避障碍，在折线的转角处则用曲线连接。

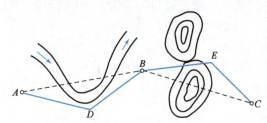

图 2-1　铁路线路绕避地形障碍示意图

曲线的设置可用来绕避地面障碍或地质不良地段，从而减少工程量，缩短工期，降低造价，获得较好的经济效益。

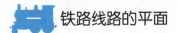

一、铁路线路的平面

（一）铁路线路的平面组成

铁路线路的平面由直线、圆曲线以及连接直线与圆曲线的缓和曲线组成，如图 2-2 所示。

在线路平面设计时，为缩短线路长度和改善运营条件，应尽可能设计较长的直线段，但当线路遇到地形、地物等障碍时，为减少工程造价和运营支出，应设置曲线。

1. 圆曲线

铁路线路在转向处所设的曲线为圆曲线，其基本要素有曲线半径 R、曲线转向角 α、曲线长度 L、切线长度 T，如图 2-3 所示。

曲线转向角的大小由线路走向、绕过障碍物的需要等确定。

圆曲线半径的大小，反映了曲线弯曲度的大小。圆曲线半径越小，弯曲度越大。一般情况下,曲线半径越大,行车速度可以越高,但工程费用越高。而小半径曲线具有容易适应地形困难的优点,对工程条件有利。

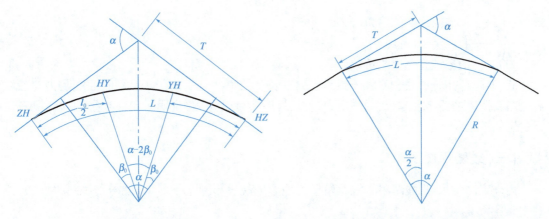

图 2-2　铁路曲线　　　　　　　　图 2-3　圆曲线组成要素

因此,正确地选用曲线半径就显得十分必要。设计线路时,可根据具体条件,因地制宜由大到小合理选用曲线半径。为了测设、施工和养护的方便,曲线半径一般应取 50m、100m 的整倍数。为了保证线路的通过能力,并有一个良好的运营条件,还对高速铁路、城际铁路、客货共线铁路、重载铁路区间线路的最小曲线半径作了具体规定,其中客货共线铁路区间线路平面最小曲线半径见表 2-3。

平面最小曲线半径(m)　　　　　　　　　　　表 2-3

路段设计速度(km/h)		200	160	120	100	80
工程条件	一般	3500	2000	1200	800	600
	困难	2800	1600	800	600	500

注:车站两端减、加速地段,最小曲线半径应结合客车开行方案和工程条件,根据客、货列车行车速度和速差计算确定。

列车在曲线上行驶的速度越快,所产生的离心力也就越大,为了保证列车运行的安全、平衡和舒适,必须限制列车通过曲线时的速度。

2. 缓和曲线

为保证列车安全,使列车平顺地由直线过渡到圆曲线或由圆曲线过渡到直线,以避免离心力的突然产生和消除,常需要在直线与圆曲线之间设置一条曲率变化的曲线,这个曲线称为缓和曲线,如图 2-4 所示。

缓和曲线的特征为:从缓和曲线所衔接的直线一端起,它的半径 ρ 由无穷大逐渐减小到它所衔接的圆曲线半径 R。它可以使离心力逐渐增加或减小,不至于造成列车强烈横向摇摆,有利于行车平稳。

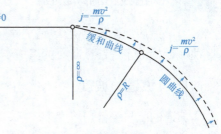

图 2-4　缓和曲线示意图

(二) 曲线附加阻力

线路平面上有了曲线后,给列车运行造成阻力增大和限制行车速度等不良影响。列车通过曲线时,由于离心力的作用,使得外侧车轮轮缘挤压外轨,摩擦增大;同时还由于外轨长于内轨,内侧车轮在轨面上滚动时产生相对滑动,从而给运行中的列车带来一种附加阻力,称为曲线附加阻力。曲线阻力的大小,我国通常用下面的试验公式来计算。

$$\omega_r = \frac{600}{R} \tag{2-1}$$

式中:ω_r——单位曲线附加阻力(N/kN);
R——曲线半径(m);
600——根据试验得出的常数。

式(2-1)适用于曲线长度大于或等于列车长度的情况。从式(2-1)可知,曲线阻力与曲线半径成反比。曲线半径越小,曲线阻力越大,运营条件就越差,说明采用大半径曲线对列车运行的影响较小。

(三)线路平面图

用一定比例尺,把线路中心线及两侧的地形地貌投影到水平面上,就得到线路平面图,如图 2-5 所示。

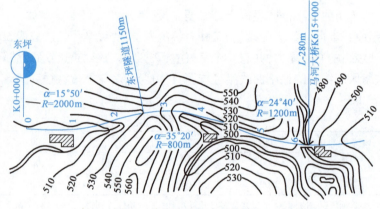

图 2-5　线路平面图(高程单位:m)

线路平面图是铁路勘测设计的重要设计文件,表明线路中心线的曲直变化和里程,沿线车站、桥隧建筑物等数量和位置,以及用等高线(地面上高程相等的各点连线)表示的沿线地形、地物等情况。

二、铁路线路的纵断面

为了适应地面的起伏,线路上除了有平道以外,还需修成不同的坡道。因此,平道、坡道和竖曲线就构成了线路纵断面的组成要素。

(一)坡道的坡度

坡道的陡与缓常用坡度来表示。坡度是指坡道线路中心线与水平线夹角的正切值,即一段坡道两端点的高差与水平距离之比,如图 2-6 所示。铁路线路的坡道坡度大小通常是用千分率来表示。

$$i = \tan\alpha = \frac{h}{L} \tag{2-2}$$

式中:i——坡度值(‰);
α——坡道段线路中心线与水平线的夹角(°);

h——坡道段始点与终点的高差(m);

L——坡道段始点与终点的水平距离(m);

若 L 为 1200m,h 为 6m,则 AB 坡道的坡度为 5‰。

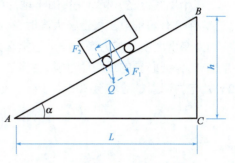

图 2-6　坡度与坡道阻力示意图

(二) 坡道附加阻力

由于有了坡道,就给列车运行带来了不良的影响。列车在坡道上运行时,会受到一种由坡道引起的阻力,这一阻力称之为坡道附加阻力。坡度与坡道阻力示意如图 2-6 所示。从图 2-6 可知,机车车辆所受的重力 $Q(kN)$ 可以分解为垂直于坡道的分力 F_1 和平行于坡道的分力 F_2,前一个分力由轨道的反作用力所抵消,后一个分力 F_2 就成为坡道附加阻力。F_2 的计算公式为:

$$F_2 = Q \cdot \sin\alpha \approx Q \cdot \tan\alpha = Q \cdot i (\text{kN})$$

列车平均每单位质量所受到的坡道阻力,称作单位坡道阻力(w_1),其计算公式为:

$$w_1 = \frac{F_2}{Q} = \frac{Q \times i \times 1000}{Q} = i(\text{N/kN}) \tag{2-3}$$

这就是说,机车车辆每单位质量上坡时所受的坡道阻力,等于这一坡道的坡度数。

列车上坡时,坡道阻力规定为"+",而当下坡时,坡道阻力规定为"-"。

由此可见,坡度越大,列车上坡时的坡道阻力也就越大,同一台机车(在列车运行速度相同的条件下)所能牵引的列车质量也就越小。

(三) 限制坡度

每一铁路区段都是由许多平道和不同坡度的坡道组成。坡道的坡度不同,它们对列车牵引质量的影响也就不同。

在一个区段上,决定一台某一类型机车所能牵引的货物列车质量(最大值)的坡度,称作限制坡度(i_x)。在一般情况下,限制坡度的数值往往和区段内陡长上坡道的最大坡度值相当。

如果在坡道上又有曲线,那么这一坡道的单位坡道阻力值和单位曲线附加阻力值之和,不能大于该区段规定的限制坡度的阻力值,即

$$i + \omega_r \leq i_x \tag{2-4}$$

限制坡度的大小,影响一个区段甚至全线的运输能力。限制坡度小,列车质量可以增加,运输能力就大,运营费用就越省。但是限制坡度过小时,就不容易适应地面的天然起伏,特别是在地形变化很大的地段,使工程量增大,造价提高。因此,限制坡度的选定是一个很重要的问题,要经过仔细的综合研究,才能得出合理的结论。我国《铁路线路设计规范》(TB 10098—2017,J 2399—2017)对客货共线铁路限制坡度的规定见表 2-4。

客货共线铁路限制坡度最大值(‰)　　　　　表 2-4

铁路等级		Ⅰ级			Ⅱ级		
地形地别		平原	丘陵	山区	平原	丘陵	山区
牵引种类	电力	6.0	12.0	15.0	6.0	15.0	20.0
	内燃	6.0	9.0	12.0	6.0	9.0	15.0

在个别线路的越岭地段,由于地形障碍显著而集中,若仍采用表2-4所列规定的限制坡度,实际上有困难或工程造价太高时,在经过详尽的技术经济比较后,允许采用大于限制坡度的加力牵引坡度。加力牵引坡度是指在大于限制坡度的坡道地段,为了统一全区段的列车质量标准,保证必要的线路通过能力,而进行多机牵引的坡度。内燃牵引的加力牵引坡度可增至25‰,电力牵引的可增至30‰。

(四)变坡点

平道与坡道、坡道与坡道的交点,称作变坡点。列车经过变坡点时,由于坡度的突然变化,车钩内产生附加应力;坡度变化越大,附加应力越大,两车钩上下错移量过大,容易发生断钩、脱钩等事故。为了保证列车的运行平稳和安全,我国《铁路线路设计规范》规定,在Ⅰ、Ⅱ级线路上,相邻坡段的坡度代数差的绝对值大于3‰、Ⅲ级铁路大于4‰时,应以竖曲线连接,如图2-7所示。

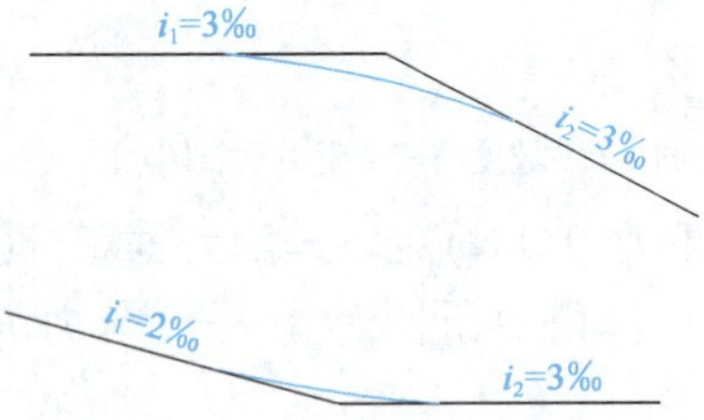

图2-7 竖曲线示意图

竖曲线是纵断面上的圆曲线。竖曲线的半径,Ⅰ、Ⅱ级铁路为10000m,Ⅲ级铁路为5000m。

(五)线路纵断面图

用一定的比例尺,把线路中心线(展直后)投影到垂直面上,并标明平面、纵断面的各项有关资料,就成为纵断面图,如图2-8所示。

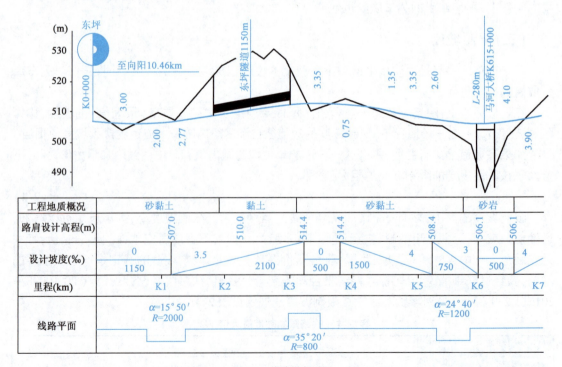

图2-8 线路纵断面图

线路纵断面图的上部是图,主要表明了线路中心线(即路肩设计高程的连线)、地面线、车站、桥隧建筑物等有关资料及其他有关情况。

线路纵断面图的下部是表,主要有沿线的工程地质概况、设计坡度、地面高程、路肩设计高程及线路平面的有关资料等。

铁路线路平面图和纵断面图是全面、正确地反映线路主要技术条件的重要文件,也是指导线路施工工作和在线路交付运营后仍需使用的技术资料。

第三节 路基和桥隧建筑物

路基和桥隧建筑物是铁路线路的基础。在铁路线路的施工过程中,总是先修筑路基和桥隧建筑物,然后才铺设轨道。路基直接承受轨道的重力,承受轨道传来的机车车辆及其荷载的压力。路基必须填筑坚实,并经常保持干燥、稳定和完好状态,以保证运输安全畅通。

 路基

路基工程主要由路基本体、路基防护和加固建筑物、路基排水设备三部分建筑物组成。

(一) 路基基本形式

在铁路线路工程中,路基常见的两种基本形式是路堤和路堑,如图2-9所示。

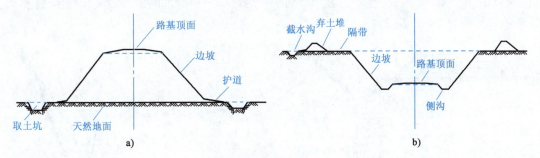

图 2-9 路基基本形式
a) 路堤; b) 路堑

1. 路堤

当路肩设计高程高于天然地面时,路基以填筑方式构成,这种路基称为路堤。路堤的组成包括路基面、边坡、护道、取土坑或纵向排水沟等。

2. 路堑

当路肩设计高程低于天然地面时,路基以开挖方式构成,这种路基称为路堑。路堑的组成包括路基面、边坡、侧沟、弃土堆和截水沟等。

(二) 路基排水和防护措施

路基必须坚实而稳固,才能承受沉重的压力。土质路基的防水是一个应该注意的主要问题。因此,在路基的构造形式上要考虑如何有利于排水。对于非渗水土的路基面,做成不同形式的路拱。我国铁路单线路基的路拱断面做成梯形,双线路基做成三角形,对于岩石和渗水性土质的路基面可做成水平的。

路基的宽度,应考虑远期发展的铁路等级、维修和机械化作业,并根据路拱断面、轨道类型、道床标准形式及尺寸和路肩宽度计算确定。

1. 路基排水

为保持路基经常处于干燥、坚固和稳定状态，路基上设有一套完整的排水设备，如纵向排水沟、侧沟和截水沟是为了排除地面水而设置的，如图2-10所示。

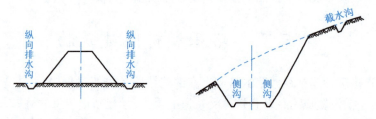

图2-10　路基地面排水设施

除了地面水以外，地下水也是破坏路基坚实、稳固的一个重要因素。为了拦截地下水，降低地下水位，常采用渗沟和渗管等地下排水设备，如图2-11所示。地下水渗入渗沟后，可通过渗管纵向排出路堑。

2. 路基防护

路基边坡是路基稳定的主要因素之一。边坡最易受到自然因素的作用而遭到破坏，从而直接影响路基的稳固，因此，要对边坡加以防护。边坡的防护或加固措施通常有种草、铺草皮、设置护坡和挡土墙（图2-12）等。

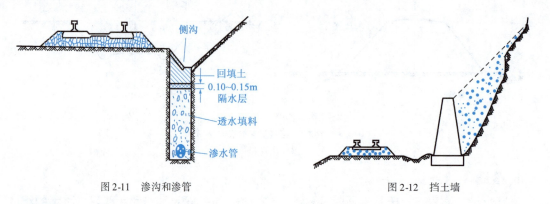

图2-11　渗沟和渗管　　　　图2-12　挡土墙

二、桥隧建筑物

当铁路线路要通过江河、溪沟、谷地以及山岭等天然障碍，或要跨越公路、铁路时，就需要修建桥隧建筑物，以使铁路线路得以继续向前延伸。桥隧建筑物包括桥梁、涵洞、明渠、隧道等。在修建铁路时，桥隧建筑物的工程量一般占相当大的比重，而大桥和长隧道的施工期限，有时还成为新建铁路能否按时通车的关键。

（一）桥梁

1. 桥梁组成

桥梁主要由桥面、桥跨结构、墩台及基础三部分组成，如图2-13所示。

桥面是桥梁上铺设的轨道部分；桥跨结构是桥梁承受荷载、跨越障碍的部分；墩台是支承桥跨结构的部分，包括桥墩和桥台，设于桥梁中部的支座称为桥墩，设于桥梁两端的支座称作桥台。桥墩与桥台的底部为墩台的基础。

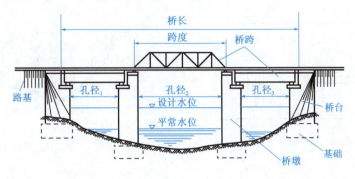

图 2-13 桥梁的组成

两个相邻墩台之间的空间称作桥孔。每个桥孔在设计水位处的距离称作孔径。从桥跨结构底部到设计水位的高度以及相邻两墩台之间的限界空间,称作桥下净空。桥梁的孔径和桥下净空应能满足泄洪、排水及船舶通航的要求。每一桥跨两端支座间的距离,称作跨度。整个桥梁包括墩台在内的总长度,是桥梁的全长。

2. 桥梁分类

桥梁的种类很多、形式多样,一般可按桥梁的建造材料、桥梁长度、桥梁外形以及桥梁跨越障碍等加以区分。

(1) 按建造材料分类:钢桥、钢筋混凝土桥、石桥等。

钢桥的质量轻、强度大、安装较方便,多用于跨度较大的桥梁。钢筋混凝土梁具有造价低、经济实用、坚固耐用、易养护和噪声小等优点,因而得到了广泛的采用,在跨度为 20m 以下的桥梁中,各国大量采用钢筋混凝土结构。石拱桥亦有造价低、经久耐用、养护费用省等优点,可就地取材,节省大量的钢材和水泥。

(2) 按桥梁长度 L 分类:特大桥($L \geqslant 500\mathrm{m}$)、大桥($100\mathrm{m} \leqslant L < 500\mathrm{m}$)、中桥($20\mathrm{m} \leqslant L < 100\mathrm{m}$)和小桥($L < 20\mathrm{m}$)等。

(3) 按桥梁外形分类:梁桥、拱桥、斜拉桥等形式,如图 2-14 所示。

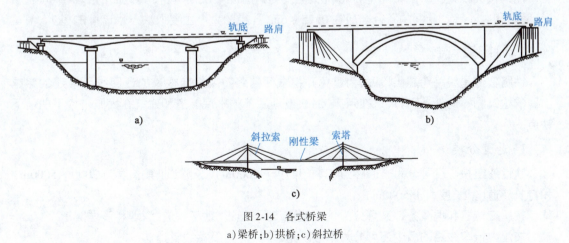

图 2-14 各式桥梁
a) 梁桥;b) 拱桥;c) 斜拉桥

(4) 按桥梁跨越的障碍分类:跨河桥——跨越江河、湖泊;跨线桥——又称为立交桥,如铁路、公路相互交叉时所建的桥梁,如图 2-15 所示;高架桥——又称栈桥或旱桥,跨越宽谷、深沟,如图 2-16 所示。

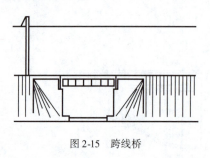
图 2-15　跨线桥

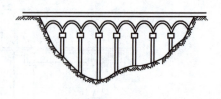
图 2-16　高架桥

(二) 涵洞

涵洞设在路堤下部的填土中,是用以通过水流或行人的一种建筑物。

涵洞的组成主要包括洞身(由若干管节所组成)、基础、端墙及翼墙等,如图 2-17 所示。

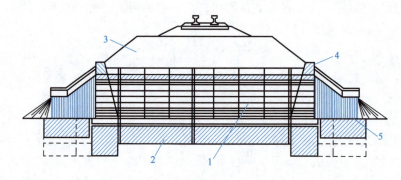
图 2-17　涵洞
1-洞身;2-基础;3-路堤;4-端墙;5-翼墙

涵洞的管节埋于路基之中,应具有一定的纵向坡度有利于排水;端墙及翼墙的作用则是保护路堤边坡,使其不受水流冲刷,并引导水流通过涵洞。

涵洞按其修建材料的不同有石涵、混凝土涵、钢筋混凝土涵等;按其截面的形状不同有箱涵、管涵和拱涵等。涵洞的孔径一般在 0.75~6m,孔径的大小主要取决于水流量的多少。

(三) 隧道

铁路隧道是线路跨越山岭时,为避免开挖很深的路堑或修建很长的迂回线而修建的穿越山岭的建筑物。此外,还有建筑在河床、海峡或湖底下的水底隧道和建筑在大城市地下的地下铁道。

1. 隧道分类

铁道隧道按长度可分为一般隧道(其长度小于 2000m)、长隧道(其长度为 2000~5000m)和特长隧道(其长度大于 5000m)。

按所在位置和埋藏条件又可分为傍山隧道、越岭隧道、地下铁道、深埋和浅埋隧道。

按洞内行车线路的多少还可分为单线隧道、双线隧道及多线隧道。

2. 隧道构造

隧道一般由洞身、衬砌、洞门、避人(车)洞等组成。

(1）洞身

洞身是隧道的主要组成部分,其长度由两端洞门的位置决定。洞身是列车通过的通道,为保证行车安全,洞身必须按建筑限界标准修建。

(2）衬砌

衬砌的作用是用来承受地层的压力,防止坑道周围地层的变形,防止岩石的风化和塌落,维护坑道轮廓不侵入建筑限界的范围,以确保行车安全。目前,主要是采用整体浇筑式衬砌,由拱圈、边墙、托梁和仰拱所组成,如图 2-18 所示。

(3）洞门

洞门是隧道进出口处,其主要作用是用来保证洞口土体仰坡和边坡的稳定,并通过洞门位置的排水系统将仰坡流下的雨水引离隧道,以防止水流冲刷洞门,如图 2-19 所示。

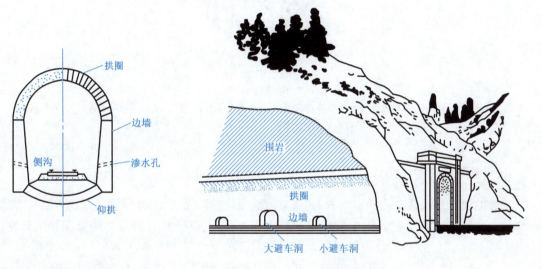

图 2-18　衬砌结构　　　　　　图 2-19　隧道洞门

(4）避车洞

为使工作人员、行人及运料小车避让列车,在隧道的两侧互相交错修建了避车洞。它们是隧道的附属建筑物。

第四节　轨　道

在路基、桥隧建筑物修成之后,就可在其上铺设轨道。轨道是用来引导机车车辆运行方向,并直接承受由机车车辆的轮对传来的巨大压力,使之传递、扩散到路基及桥隧建筑物上的整体工程结构。由于轨道长期受到列车运行的车轮冲击作用,因此,它的各组成部分均应具有足够的强度和稳定性,以保证列车能够按照规定的最高速度安全、平稳、不间断地运行。

一、轨道的组成

轨道的结构包括有砟轨道和无砟轨道。其中,有砟轨道包括钢轨、轨枕、道床、联结零件、防爬设备及道岔 6 个主要部分,如图 2-20 所示。

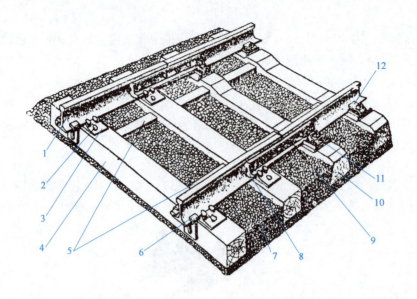

图 2-20 轨道的基本组成

1-钢轨;2-普通道钉;3-垫板;4-木枕;5-防爬支撑;6-防爬器;7-道床;8-鱼尾板;9-螺栓;10-钢筋混凝土轨枕;11-扣板式中间联结零件;12-弹片式中间联结零件;图中扣件是为示例之用,并非现场线路中的实际使用情况

(一)钢轨

钢轨的作用是引导车轮的运行方向,直接承受车轮的巨大压力,并承受机车轮周牵引力的反作用力和列车制动时的摩擦力,将其传递给轨枕。因而,钢轨应具有足够的强度和柔韧性,以防止钢轨过快地磨耗和减轻车轮对钢轨的冲击。

图 2-21 钢轨结构

钢轨的断面形式与钢轨的性能有很大的关系。我国和多数国家一样采用稳定性能很好的宽底式钢轨,它的断面形状为"工"字形,有轨头、轨腰、轨底三部分,如图 2-21 所示。

在我国,钢轨的类型或强度以每米长度的公斤数(kg/m)来表示,现行的标准钢轨类型有:75kg/m、60kg/m、50kg/m 及 43kg/m。新建、改建铁路正线应采用 60kg/m 钢轨(重载运煤专线线路可采用 75kg/m 钢轨)。

钢轨的长度受加工条件和运输条件的限制,一根钢轨的轧制长度是有限的。目前我国钢轨的标准长度主要有 25m 和 12.5m 两种,对于 75kg/m 钢轨只有 25m 一种。在高速铁路上使用的定尺钢轨可以达到 100m 长。此外,还有专供曲线地段铺设内轨用的标准缩短轨若干种。

(二)联结零件

联结零件,包括接头联结零件和中间联结零件两类。

接头联结零件用来联结两根钢轨之间的接头,包括夹板、螺栓、螺帽和弹性垫圈等。

钢轨接头处必须保持一定的缝隙,这一缝隙称作轨缝。当气温发生变化时,轨缝可满足钢轨热胀冷缩的要求。钢轨接头是线路上最薄弱的环节,它使行车阻力和线路维修费用显著增加,因此它是线路维修工作的重点对象。

中间联结零件(又称为扣件)的作用是将钢轨紧扣在轨枕上。中间联结零件因轨枕的不同,有钢筋混凝土枕用的扣件和木枕用的扣件两类。木枕用的扣件包括普通道钉和垫板,如图2-22所示。钢筋混凝土用的扣件有扣板式、拱形弹片式和弹条式三种。弹条式扣件包括无螺栓和有螺栓两种,如图2-23、图2-24所示。弹条式扣件具有零件少、结构简单、弹性好、扣压力大等优点,因此得到广泛使用。

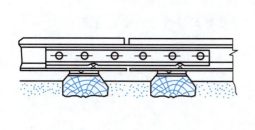

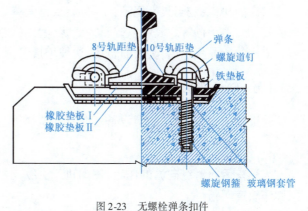

图2-22 木枕接头

图2-23 无螺栓弹条扣件

在垫板顶面或混凝土轨枕顶面做成1:40的斜度,使线路上的钢轨具有适当的内倾度(称作轨底坡),以有利于防止和减轻轮对的蛇行运动。

(三)轨枕

轨枕的作用是支承钢轨,并将钢轨传来的压力传递给道床,保持钢轨位置和轨距。轨枕应具有必要的坚固性、弹性和耐久性,并且造价低、制作简单、铺设及养护方便。

轨枕按照制作材料分,主要有钢筋混凝土枕和木枕两种。木枕具有弹性好、形状简单、加工容易、质量轻、铺设和更换方便等优点。主要缺点是消耗大量木材,使用寿命较短。经过防腐处理的木枕,一般可用15年左右。为了保护生态平衡和森林资源,木枕的使用将越来越受限制。钢筋混凝土轨枕使用寿命长、稳定性能高,养护工作量小,加上材料来源较广泛,所以在我国铁路上得到广泛采用。其不仅可以节省大量木材,还有利于提高轨道的强度和稳定性。

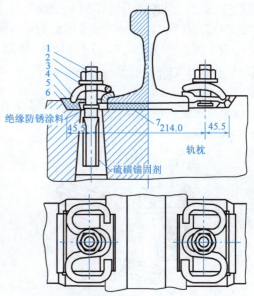

图2-24 弹条I型扣件(尺寸单位:mm)
1-螺栓;2-螺母;3-平垫圈;4-弹条;5-轨距挡板;6-挡板座;7-橡胶垫板

我国普通轨枕的长度为2.5m和2.6m,道岔用的岔枕,其长度有2.6~4.8m(木岔枕)或2.4~4.9m(混凝土岔枕)。

另外,道岔上用的岔枕和钢桥上用的桥枕的断面尺寸比普通轨枕要大。

每公里线路上铺设轨枕的数量,应根据运量及行车速度等运营条件确定,一般在1520~1840根之间。轨枕根数越多,轨道强度越大。

(四)道床

道床是铺设在路基面上的石砟(道砟)垫层。主要作用是支承轨枕,把从轨枕上部的压力均匀地传递给路基,并固定轨枕的位置,阻止轨枕纵向或横向移动,缓和机车车辆轮对对钢轨的冲击,排除地表水,调整线路的平面和纵断面。

道床的材料,应当具有坚硬、不易风化、富有弹性,并有利于排水的特点。常用的材料主要有碎石、卵石、粗砂等。其中以碎石为最优,我国铁路一般都采用碎石道床。

道床的断面呈梯形,其顶面宽度、边坡坡度及道床厚度等均按轨道的类型而定。

(五)轨道加强设备

轨道加强设备,包括防爬设备、轨距杆、轨撑等。

1.防爬设备

因列车运行时纵向力的作用,使钢轨产生纵向移动,有时甚至带动轨枕一起移动,这种现象称作轨道爬行。

轨道爬行往往引起轨缝不匀、轨枕歪斜等线路病害,对轨道的破坏性极大,严重时还会危及行车安全。因此,必须采取有效措施加以防止。通常的做法是,一方面加强钢轨与轨枕间的扣压力和道床阻力;另一方面是设置防爬器和防爬支撑等防爬设备。

我国铁路广泛采用穿销式防爬器,如图 2-25 所示。它由带挡板的轨卡和穿销组成。安装时,将轨卡的一边紧紧地卡住轨底,另一边用楔形穿销楔紧,使整个防爬器牢固地卡在轨底上。

为充分发挥防爬器的防爬能力,常在轨枕间安装防爬撑,将若干根轨枕联系起来,如图 2-26 所示。

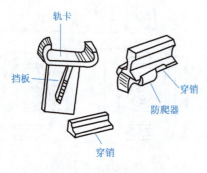

图 2-25 穿销式防爬器

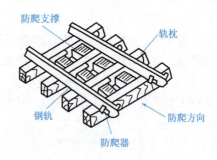

图 2-26 防爬设备组成

2.轨距杆

轨距杆安装在钢轨之间,卡住轨底。轨距杆的作用是保持轨距,包括普通轨距杆和绝缘轨距杆。

3.轨撑

在道岔和小半径曲线地段在钢轨外侧安装轨撑,起到固定钢轨位置、保持轨距的作用。

(六)道岔

道岔是一种使机车车辆能从一股道转入或越过另一股道的线路连接设备,大量铺设在车站内,以满足各种作业需要,最常见的是普通单开道岔。

1. 普通单开道岔

普通单开道岔,由转辙器、辙叉及护轨、连接部分所组成,如图 2-27 所示。

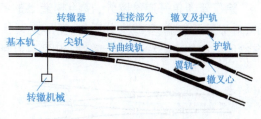

图 2-27 普通单开道岔

(1)转辙器

转辙器由两根尖轨、两根基本轨和转辙机械组成。尖轨是转辙器的主要部件,通过连接杆与转辙机械相连,所以操纵转辙机械可以改变尖轨的位置,以确定道岔的开通方向。

(2)辙叉及护轨

辙叉及护轨,包括辙叉心、翼轨及护轨。其作用是保证车轮安全通过两股轨线的相互交叉处。从两翼轨最窄处到辙叉心实际尖端之间,存在一段轨线中断的空隙,称作辙叉的有害空间。当机车车辆通过辙叉有害空间时,轮缘有走错辙叉槽而引起脱轨的可能,因此,必须设置护轨,对车轮的运行方向实行强制性引导。

道岔上的有害空间是限制列车过岔速度的一个重要因素。为了消灭有害空间,减轻车轮对翼轨和心轨的冲击,适应列车高速运行的要求,可采用各种可动心轨道岔,如图 2-28 所示。可动心轨道岔消除了有害空间,不仅避免了车轮对心轨和翼轨冲击,而且提高了列车直向过岔速度,广泛用于高速行车的线路上。

(3)连接部分

连接部分是连接转辙器和辙叉及护轨的部分,使之成为一组完整的道岔。它包括两根直轨和两根导曲线轨。在导曲线上一般不设缓和曲线和超高,所以列车在侧向过岔时,速度要受到限制。

2. 道岔号数

道岔因其辙叉角大小的不同,有不同的道岔号 N,道岔号数表明道岔各部分的主要尺寸。道岔号数是用辙叉角 α 的余切值来表示的,如图 2-29 所示,其计算公式为:

$$N = \cot\alpha = \frac{FE}{AE} \tag{2-5}$$

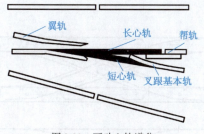

图 2-28 可动心轨道岔

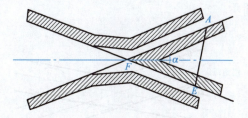

图 2-29 道岔号数计算图

由此可见,辙叉角越小,N 值就越大,导曲线半径也越大,机车车辆侧线通过道岔时就越平稳,允许的侧线过岔速度也就越高。所以,采用大号码道岔对于列车运行是有利的。然而,道岔号数越大,道岔全长就越长,铺设时占地就越多。因此,采用几号道岔来连接线路,要根据线路的用途来确定。

目前,我国铁路的主要线路上,大多使用9、12、18、30号道岔,在高速铁路上采用18号及以上的道岔。

3. 其他类型道岔

除了普通单开道岔以外,按照构造上的特点及所连接的线路数目不同,还有对称双开道岔、对称三开道岔、复式交分道岔、菱形交叉和交叉渡线等。为了简明起见,在作图时,通常用道岔所衔接的中心线来表示道岔,如图2-30所示。

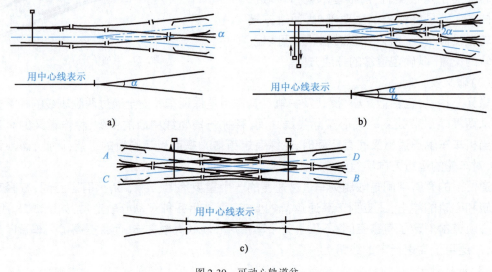

图2-30 可动心轨道岔
a) 双开道岔;b) 三开道岔;c) 复式交分道岔

对称双开道岔的特点是与道岔相衔接的两条线路各自向两侧对称分岔。对称三开道岔的特点是可以同时衔接三条线路,所以具有两套尖轨分别用两组转辙机械操纵。

复式交分道岔的功能相当于两组对向铺设的单开道岔,但它需要的占地却小得多。

菱形交叉由两组锐角辙叉和两组钝角辙叉组成。菱形交叉没有转辙器部分,机车车辆通过交叉设备时,只能沿着原来线路继续运行而不能转线,如图2-31所示。

如果将四副单开道岔和一副菱形交叉设备组合在一起时,则称为交叉渡线。交叉渡线不仅可以开较多的方向,而且可以节省用地,是车站内使用较多的一种连接设备,如图2-32所示。

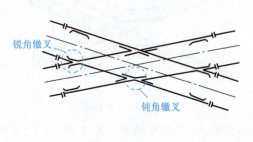

图2-31 菱形交叉

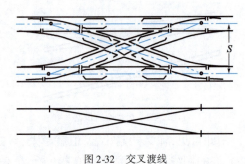

图2-32 交叉渡线

三、无缝线路和新型轨下基础

(一)无缝线路

无缝线路也称长钢轨线路,无缝线路就是把若干根标准长度的钢轨经焊接成为 1000～2000m(目前长度不止 2000m,从理论上讲可以无限长)而铺设的铁路线路。通常是在焊轨厂将标准轨焊接成 250～500m 的轨条,再运到现场就地焊接后铺设。

与普通线路相比,无缝线路在其长钢轨段内消灭了轨缝,从而消除了车轮对钢轨接头的冲击,使得列车运行平稳,旅客舒适,延长了线路设备和机车车辆的使用寿命,减少了线路养护维修工作量,并能适应高速行车和重载的要求,是轨道现代化的发展方向。我国自 1958 年开始铺设无缝线路,经过几十年的运营实践,在设计、施工和养护维修方面积累了不少经验,无缝线路技术得到了迅速推广和广泛采用。

轨温变化将直接影响无缝线路的伸缩、轨道的稳定。如果钢轨两端被固定住,不能自由伸缩,那么随着轨温的变化,钢轨内部就产生了力,这个力是由轨温变化引起的,称作温度力。夏季轨温升高,钢轨内部受温度压力;冬季轨温降低,钢轨内部受温度拉力。

铺设无缝线路的关键问题就是设法克服钢轨因轨温变化而引起的钢轨温度力。克服温度力的办法就是在长钢轨的两端使用高强度钢轨联结零件和防爬设备进行强制性固定,其他部分同样也要采用高强度的中间联结零件和防爬设备,加大道床阻力,将钢轨紧紧地扣于轨枕之上而锁定钢轨,使之不能自由伸缩。

锁定钢轨时的钢轨温度称为锁定轨温。锁定轨温的选择应使钢轨在冬、夏两季所受到的最大温度力尽量接近一些,一般采用稍高于该地区的中间轨温作为锁定轨温比较合适。如:北京地区最高轨温为 62.6℃,最低轨温为 -22.8℃,中间轨温则为 19.9℃,而设计时的锁定轨温一般采用 24℃。

(二)宽混凝土轨枕和整体道床

宽混凝土轨枕(又称为轨枕板)的外形和普通钢筋混凝土轨枕相似,但比普通混凝土轨枕宽而且稍薄,它在线路上是连续铺设的,如图 2-33 所示。

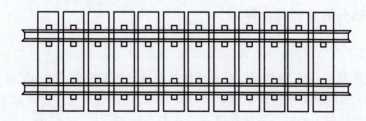

图 2-33 宽混凝土轨枕线路

采用宽混凝土轨枕的轨道沉陷小,也不易发生坑洼不平和道床的脏污现象。同时,由于它的底部和道床、上部和轨底的接触面积增大,因而提高了线路的稳定性,改善了钢轨的受力条件,有利于高速行车。我国已在隧道内、大桥桥头、大客运站上采用宽混凝轨枕,并在主要干线上逐步使用。

整体道床就是用碎石加水泥浆,或者用混凝土、钢筋加混凝土直接在路基面上筑成坚固的轨道基础,用以代替通常的碎石道床。这是一种钢性轨下基础,它平顺稳定、坚固耐久,线路的强度高、维修工作量少,适合于高速运行,但造价贵,技术要求高。目前我国在隧道内以及在高速铁路上大量铺设整体道床,如图 2-34 所示。

图 2-34 整体道床

三、轨道上两股钢轨的相互位置

为了确保行车安全,轨道除了应具有合理的组成外,还应保持两股钢轨的规定距离和轨顶面的相对水平位置。

(一) 直线部分的轨距和水平

1. 轨距

轨距是两股钢轨轨头顶面向下 16mm 范围内两钢轨作用边之间的最小距离。我国和大多数国家一样主要采用 1435mm 的标准轨距。

与标准轨距相对应的还有宽轨距和窄轨距。宽轨距为 1524mm,主要在东欧各国采用;窄轨距有 1067mm 和 1000mm 两种,我国台湾地区就采用 1067mm 的窄轨距,我国昆明铁路局部分线路采用的就是 1000mm 的窄轨距。

在机车车辆运行的长期作用下,轨距允许有一定的误差。误差大小与列车运行速度有关,如:当正线列车运行速度 $80\text{km/h} < v_{\max} \leq 120\text{km/h}$ 时,静态作业验收允许误差为增 6 减 2 (mm),即直线部分轨距的最大值为 1441mm,最小值为 1433mm。

2. 水平

直线地段两股钢轨的顶面原则上应保持同一水平。如有误差,在正线和列车到发线上,在规定的距离范围内两股钢轨的轨顶面高差静态检查不允许超过规定值(比如:当正线列车运行速度 $120\text{km/h} < v_{\max} \leq 160\text{km/h}$ 时,不允许超过 4mm)。

(二) 曲线部分的轨距和水平

1. 曲线加宽

机车车辆走行部中,只能保持平行而不能做相对运动的车轴中心线间的最大距离,称作固定轴距,如图 2-35 所示。由于机车车辆具有固定轴距,在曲线上运行时转向架的纵向中心线与曲线轨道中心线并不一致,因而引起转向架前一轮对外侧车轮轮缘和后一轮对的内侧车轮轮缘压挤钢轨,增加走行阻力。因此,为了使机车车辆顺利地通过曲线,对小半径曲线的轨距要适当加宽。

我国《普速铁路线路修理规则》(TG/GW 102—2019) 规定曲线轨距加宽值见表 2-5。

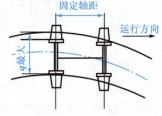

图 2-35 轨距加宽示意图

曲线轨距加宽值　　　　　　　表 2-5

曲线半径 R(m)	加宽值(mm)	曲线半径 R(m)	加宽值(mm)
R≥295	0	245>R≥195	10
295>R≥245	5	R<195	15

2. 外轨超高

机车车辆在曲线上运行时,由于离心力的作用,使曲线外轨承受了较大的压力,因而造成两股钢轨磨耗不均匀现象,并使旅客感到不舒适,严重时还可能造成翻车事故。因此,通常要将曲线上的外轨抬高,使机车车辆内倾,以平衡离心力。外轨比内轨高出的部分称为超高,如图 2-36 所示。

曲线外轨超高量 h,通常可用下列公式计算:

$$h = 11.8 \frac{v^2}{R} (\text{mm}) \qquad (2-6)$$

式中:v——列车平均运行速度(km/h);

　　　R——曲线半径(m)。

《铁路线路修理规则》(TG/GW 102—2019)规定,外轨超高的最大值单线地段不得超过 125mm,双线地段不得超过 150mm。

外轨超高和轨距加宽的设置办法,一般情况下都是从缓和曲线的起点开始,逐渐增加,到圆曲线起点时,超高和加宽都应达到规定的数值。

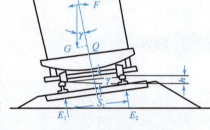

图 2-36　外轨超高原理图

第五节　线路标志和限界

一、线路标志

为了线路的维修和养护,考虑司机和运转车长等工作上的需要,在铁路沿线设有各种线路标志,其中常见的线路标志有公里标、半公里标、曲线标、圆曲线与缓和曲线始终点标、桥梁标、隧道(明洞)标、坡度标及管界标等,如图 2-37 所示。

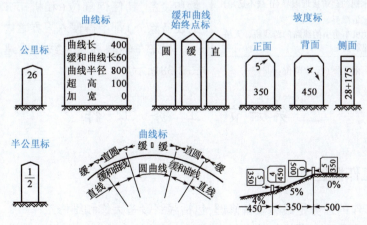

图 2-37　线路标志

公里标、半公里标是线路的里程标。公里标表示从铁路线路起点开始计算的连续里程，每整公里设一个。半公里标设于线路的每半公里处。

曲线标，设在曲线的中点处，标明曲线中心里程、半径大小、曲线和缓和曲线长度、超高等。

圆曲线和缓和曲线始终点标，设于直线与缓和曲线、圆曲线与缓和曲线的连接处，表明缓和曲线的起点与终点。在该标上分别写有"直缓、缓圆、圆缓、缓直"字样。

坡度标设于变坡点处。它的正面和背面分别表示两边的坡度和坡段长度，并用箭头表示上坡或下坡，侧面则标明它所在的里程。

桥梁标一般设于桥头处，标明桥梁编号、中心里程和长度。

线路标志内侧应设在距线路中心线不小于3.1m处。

线路标志按计算公里方向设在线路左侧。双线区段需另设线路标志时，应设在列车运行方向左侧。

限界

为了确保机车车辆在铁路线路上的运行安全，防止机车车辆撞击邻近线路的建筑物和设备，而对机车车辆和接近线路的建筑物、设备所规定不允许超越的轮廓尺寸线，称作限界。铁路基本限界有机车车辆限界和建筑接近限界两种。

机车车辆限界是机车车辆横断面的最大极限。它规定了机车车辆不同部位宽度和高度的最大尺寸，以及底部零件至轨面的最小距离。机车车辆限界与桥梁、隧道等限界相互对应，当机车车辆在满载状态下正常运行时，也不会因摇晃、偏移等现象而与桥梁、隧道及线路上的其他设备相接触，从而保证行车安全。

建筑接近限界是一个和线路中心线相垂直的横截面。它规定了保证机车车辆安全通行所必需的横截面最小轮廓尺寸。凡靠近铁路线路的建筑物和设备，其任何部位(和机车车辆有相互作用的设备除外)都不得侵入限界之内。

机车车辆限界及直线地段建筑接近限界如图2-38所示。

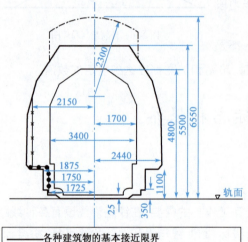

图2-38　限界图(尺寸单位：mm)

第六节　工务工作

工务工作概述

铁路工务工作的任务是线路设备修理，包括线路设备大修和维修工作。

线路设备修理采用周期修与状态修相结合。线路设备大修以周期修为主，线路设备维修以状态修为主。

线路设备修理应贯彻"修理标准与线路等级匹配、投入产出经济合理"理念,实行线路分级管理。

线路设备修理实行天窗修制度,铁路局集团公司应安排足够数量的天窗,以满足线路设备修理的需要。大力推广"集中修"。

线路设备大修是为全面恢复和提高线路设备固有可靠度而对线路进行的大规模修理。

线路设备维修是根据线路设备变化规律,维持列车以规定速度安全和不间断地运行而对线路进行的日常维护和小规模修理。

线路设备大修应按照"运营条件匹配、轨道结构等强、修理周期合理、线路质量均衡"和"全面规划、适度超前、区段配套"原则,根据运输需要及线路设备变化规律,及时对线路设备进行更新和修理,恢复和提高线路设备强度。线路设备大修项目原则上应按周期安排,并可根据设备状态评价结果合理调整。线路设备大修应由专业大修设计、施工队伍承担。

线路设备维修应坚持"预防为主、防治结合、修养并重、严检慎修"原则,根据线路设备变化规律,合理安排计划维修与临时补修,有效预防和整治线路病害,有计划地补偿线路设备损耗,保持线路设备完整和质量均衡,延长设备使用寿命,以取得较好的技术经济效益。线路设备维修项目原则上按状态评价结果安排修理。

线路设备维修

线路设备维修分为计划维修与临时补修。

(一)计划维修

根据线路及其各部件的变化规律,依据维修周期、结合设备状态评价,以大型养路机械为主要作业手段,全面调整和改善轨道空间线形线位,消除轨道结构病害,恢复道床弹性,更换失效轨枕和联结零件,调整轨道几何尺寸,消除钢轨轨头病害,达到钢轨目标廓形,以及其他各结构部件的修理等为主要内容的单项或多项修理,以恢复线路完好技术状态。

(二)临时补修

以小型养路机械为主要作业手段,对轨道几何不平顺超过临时补修容许偏差管理值及其他不良处所进行的临时性整修,以保证行车安全和平稳。

三 线路大修

线路日常维修的特点是预防线路病害的发生,保持线路的完好状态。但是经过较长时间后,线路的各部分还会发生磨损或变形。当这种磨损或变形达到相当程度时,单纯依靠经常维修就难以整治了。同时,由于新技术的采用,有必要加强原有线路,提高线路质量。因此,除经常维修以外,还必须进行线路大修。

线路大修施工和线路日常维修不同,要根据专门的勘测调查和设计文件对线路进行一次全面、彻底地翻修或加强。在安排大修施工时,要全面规划有步骤地解决线路设备的薄弱环节。

线路大修施工的内容有钢轨大修、道岔大修、轨枕大修、道床大修、线路中修、扣件大修、道口大修、其他大修。

四 线路作业机械化

线路作业在过去是一项既费时费工,又极为繁重的体力劳动,它需要占用大量的人力、物力和财力。为了改变人工作业的落后面貌,提高维修质量和作业效率,节约劳动力和维修费用,世界各国都在努力研制各种养路机具。

目前养路机械已由小型到大型、由低级到高级、由单机到联合机械,逐步发展到采用先进技术设备的大型、高效、多功能的机械。例如,大型起道、拨道、捣固联合作业机,每小时可以捣固线路 600~1000m;清筛机每小时可清筛道砟 $650m^3$;线路大修列车能够完成拆卸旧轨排直到铺设新轨排的全部作业,每小时作业进度为 200m 以上等。实践证明,由于实现维修作业机械化,使线路质量和作业效率大为提高,维修费用和人力也得到大量节省。为了便于线路机械化作业,在各铁路局集团公司成立了工务机械段,对铁路局管内的线路进行线路大中修作业;在工务段普遍设立了重点维修车间,配备了以单项、小型为主的养路机械,如电动捣固机、扒砟机、边坡回填机、液压起道机等,从而减轻了劳动强度,提高了作业效率。

2005 年,我国在引进、消化、吸收国外先进制造技术的基础上,成功地实现了对大型养路机械捣固车、清筛机、动力稳定车和配砟整形车等设备的国产化,使我国的大型养路机械装备规模、综合能力、作业水平都有了显著提高,为提速扩能,保证繁忙干线和快速线路的运输安全,实现养路机械的现代化,作出了巨大的成绩。

机械化维修机具比较笨重,综合作业时占用线路的时间较久,往往需要封闭线路,《普速铁路线路修理规则》规定,凡影响行车的线路施工(特别规定的慢行施工除外)、维修作业,都必须纳入天窗,不得利用列车间隔进行。用于线路大修及大型养路机械作业的施工天窗不少于 180min,维修天窗双线不应少于 120min、单线不应少于 90min。支线铁路应优化天窗设置,宜安排昼间天窗。

复习思考题

1. 什么是铁路线路?铁路线路由哪几部分所组成?
2. 铁路线路如何分类?
3. 什么是线路的平面和纵断面?它们的组成要素分别是什么?
4. 什么是缓和曲线?缓和曲线的作用是什么?
5. 曲线半径大小对列车运行速度有何影响?
6. 什么是限制坡度?限制坡度的大小对铁路运输有什么影响?
7. 在铁路沿线为什么要设置线路标志?常见的线路标志有哪些?
8. 路基的两种基本断面形式是什么?其基本组成包括哪些?
9. 在铁路修建中,为何有时要修建桥隧建筑物?它们的作用分别是什么?
10. 桥梁、隧道各由哪些部分组成?
11. 什么是轨道?其基本组成有哪几部分?
12. 我国现行的标准钢轨类型有哪几种?钢轨的标准长度有哪两种?
13. 道岔是一种什么设备?普通单开道岔由哪三大部分组成?

14. 什么是辙叉的有害空间？为消灭有害空间，可采用什么道岔？
15. 道岔号数是用什么来表示的？我国铁路常用的道岔号数有哪些？
16. 什么是无缝线路？无缝线路有何优点？
17. 什么是轨距？我国采用的是什么轨距？尺寸是多少？
18. 我国轨距静态允许偏差是如何规定的？
19. 在曲线地段为何要进行轨距加宽与外轨超高？
20. 什么是限界？铁路基本限界有哪两种？
21. 什么是线路设备大修和线路设备维修？
22. 计划维修的基本任务是什么？

第三章

铁路车站

第一节 概 述

铁路为了运送旅客和货物,在全国铁路线上设置了许多车站。旅客上下和货物装卸及有关作业都是在车站上进行的。它既是铁路办理客货运输的生产基地,也是铁路运输的基层单位。车站除了办理与旅客、货物运输有关的作业之外,还办理列车接发、会让、越行,列车解体与编组,机车的摘挂和车辆的检修等作业。

为了完成上述作业,车站上设有客、货运输设备以及与列车运行有关的各项技术设备,并配备了客运、货运、行车、装卸等方面的工作人员。

一、分界点、区间、闭塞分区、区段及站界

(一) 分界点

为了保证行车安全和必要的铁路线路通过能力,将车站、线路所及自动闭塞区段的通过信号机作为铁路线路上的分界点,如图 3-1 所示,图中甲、乙、丙、A、B、C、D、E、F、G、H 等各种车站都是分界点。

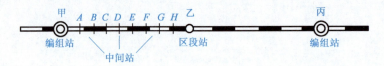

图 3-1 铁路线路车站示意图

车站上除了正线以外,还配有到发线、牵出线等其他线路,所以车站是铁路线上设有配线的分界点,如图 3-2 所示。两车站间非自动闭塞区段的线路所(图 3-3)和自动闭塞区段上的通过色灯信号机(图 3-4)是铁路线上无配线的分界点。所以,分界点是指车站、线路所及自动闭塞区段的通过信号机,如图 3-4 所示。

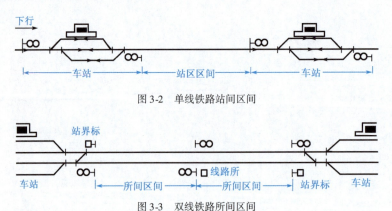

图 3-2 单线铁路站间区间

图 3-3 双线铁路所间区间

(二) 区间

铁路线上间隔一段距离(约 10km)需设置车站或线路所。由车站或线路所把铁路线路划

分出长短不同的铁路段落称为区间。其中,两相邻车站之间的区间称作站间区间(图 3-2),线路所与车站之间的区间就称作所间区间(图 3-3)。

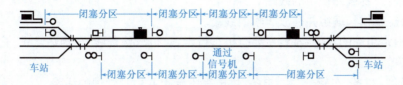

图 3-4 双线铁路自动闭塞分区

(三)闭塞分区

自动闭塞区间,同方向相邻两架通过色灯信号机柱中心线之间,或进站(出站)信号机柱与通过色灯信号机柱中心线之间的一段线路空间,称作闭塞分区(图 3-4)。

(四)区段

区段通常是指两相邻技术站间的铁路线段,它包含了若干个中间站和区间,如图 3-1 中甲—乙区段和乙—丙区段,区段的长度一般取决于牵引动力的种类或路网状况。

(五)站界

为了保证行车安全和分清职责,在车站两端所衔接的区间之间应有明确规定的界限。在单线铁路上,车站的范围是以两端进站信号机机柱中心线为界,外方是区间,内方属于车站。在双线铁路上,站界是按上、下行正线分别确定的,进站一端以进站信号机机柱中心线为界,出站一端则以站界标中心线为界,如图 3-2、图 3-3 所示。

 车站线路的种类及线间距

(一)线路的种类

铁路线路分为正线、站线、段管线、岔线以及特别用途线,如图 3-5 所示。

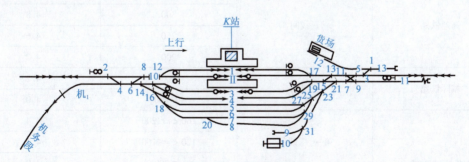

图 3-5 铁路车站线路示意图

1、3、4-到发线;5、6、7、8-调车线;9、10-站修线;11、13-牵出线;12-货物线;Ⅱ-正线机₁-机车走行线;其他数字表示道岔编号

(1)正线:是指区间连接车站并贯穿或直股伸入车站的线路。

(2)站线:是指到发线、调车线、牵出线、货物线及站内指定用途的其他线路。

①到发线:接发旅客列车和货物列车的线路。
②牵出线:车列解体、编组和转线等牵出使用的线路。
③货物线:货物装卸使用的线路。
④调车线:解体和编组并存放车辆的线路。
⑤站内指定用途的其他线路:主要有机车行走线、机车整备线、车辆站修线、驼峰迂回线和驼峰禁溜线等。

(3)段管线:机务、车辆、工务、电务、供电等段专用并由其管理的线路。

(4)岔线:在区间或站内接轨,通向路内外单位的专用线路。

(5)特别用途线:是指安全线和避难线。
①安全线:岔线、段管线与正线、到发线接轨时,为保证行车安全所铺设的线路。
②避难线:为防止在长大下坡道上列车失去控制,在区间颠覆或闯入站内与其他机车车辆发生冲突而设置的铁路线路。避难线在区间设于陡长下坡道后面;在陡长下坡道车站避难线可设在进站一端或接车方向末端。

(二)线间距

线间距是指两相邻线路中心线之间的距离。线间距既能保证行车和车站工作人员作业时的安全和便利,还要考虑通行超限货物列车和在两线间装设行车设备的需要。

线路间距由下列因素决定:
(1)机车车辆限界;
(2)建筑限界;
(3)超限货物装载限界;
(4)设置在相邻线路间有关设备的计算宽度;
(5)在相邻线路间办理作业的性质。

《铁路线路设计规范》(TB 10098—2017,J 2399—2017)对区间直线地段最小线间距规定值见表3-1。

区间直线地段最小线间距(m)　　　　表3-1

线路种类	线间别	路段设计速度(km/h)	区间直线地段最小线间距(m)
高速铁路	正线间	350	5.0
		300	4.8
		250	4.6
		200	4.2
城际铁路	正线间	200	4.2
		$v \leqslant 160$	4.0
客货共线铁路、重载铁路	第一、二线间	$160 < v \leqslant 200$	4.4
		$120 < v \leqslant 160$	4.2
		$v \leqslant 200$	4.0
	三线及四线区间的第二线与第三线间	—	5.3
	站内正线间	—	5.0

三 车站的分类

目前,我国铁路网上有大小车站几千个,这些车站按所担负的任务量、业务性质和技术作业的类型不同,有不同的分类。

(一) 按照车站担负的任务量和地位划分

车站按其所担负客货运量和技术作业量的大小及其在政治、经济上和铁路网上所处的地位,可分为特等站和一、二、三、四、五等站。车站等级是确定车站规模、设备和配备定员的依据。

(二) 按照车站业务性质划分

车站按业务性质,可分为货运站、客运站和客货运站。

货运站是专门办理货物运输业务的车站,一般设在大城市、工矿、地区和港口等有大量货物到发、装卸的地点。主要工作是办理货物列车的始发、终到、取送车作业等有关的行车和调车作业,以及货车装卸等与货运有关的业务。

客运站是专门办理旅客运输业务的车站,通常设在政治、经济、文化中心城市和旅游胜地等有大量旅客集散的地点。它的主要任务是组织旅客安全、迅速、准确、方便地上、下车,办理行包、邮件的装卸和搬运,组织旅客列车安全、正点到发和客车车底取送,为旅客提供舒适的服务条件。

客货运站是既办理旅客运输又办理货物运输业务的车站。铁路网上大多数车站都属于客货运站。

(三) 按车站技术作业划分

车站按技术作业性质,可分为中间站、区段站和编组站。

由于区段站和编组站拥有较多的技术设备,并主要办理货物列车和车辆的技术作业,故又统称为技术站。铁路线以技术站划分为区段。

中间站设置在技术站之间的区段内,如图3-1中A~H间各站均是中间站。它的主要工作是办理列车的接发、会让和通过作业,以及摘挂列车的调车和装卸作业。有些中间站还办理市郊列车的折返、补机摘挂、列车技术检查和凉闸、列车的始发和终到等各项作业。

区段站设置在划分货物列车牵引区段或区段车流集散的地点,如图3-1中的乙站为区段站。它的主要工作是办理货物列车的中转作业,解体、编组区段列车和摘挂列车,更换货车机车和乘务员,进行车辆技术检修和货运检查整理。

编组站设置在大量车流集散的地点,如图3-1中甲站和丙站是编组站。它的主要工作是担当大量货物列车的解编作业,编组直达、直通、区段、摘挂列车,更换货运机车和乘务人员,进行车辆技术检修和货运检查整理。

四 股道和道岔的编号及股道有效长

为了便于车站进行各项作业和对设备管理、维修,站内线路和道岔应有统一的编号,同一车站或车场内的线路和道岔不得有相同的编号,以便于作业和维修管理。

1. 股道编号方法

站内的正线规定用罗马数字编号（Ⅰ、Ⅱ、Ⅲ…），站线用阿拉伯数字编号（1、2、3…）。

(1) 单线铁路车站内线路，由靠近站房的线路起向远离站房方向顺序编号，一般先编正线和到发线，而后再按顺序编其他站线，如图3-6所示。

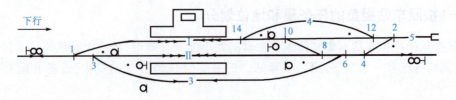

图3-6　单线铁路车站股道和道岔编号

(2) 双线铁路上的车站内的线路，从正线起按列车运行方向分别向外顺序编号，上行编双数，下行编单数，如图3-7所示。

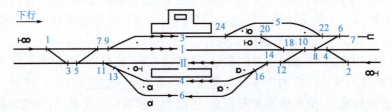

图3-7　双线铁路车站股道和道岔编号

(3) 尽端式车站的线路，站房位于线路一侧时，从靠近站房的线路起，向远离站房方向顺序编号，如图3-8a)所示；站房位于线路终端时，面向终端方向由左侧线路起顺序向右编号，如图3-8b)所示。

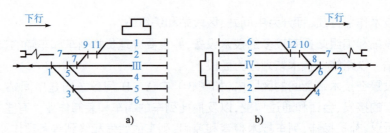

图3-8　尽端式铁路车站股道和道岔编号

(4) 当大型车站有数个车场时，应按车场分别编号。车场靠站房时，从靠近站房线路起，向站房对侧顺序编号；车场远离站房时，顺公里标前进方向从左向右顺序编号；在线路编号前冠以罗马数字表示车场，如Ⅱ场3道，写为Ⅱ3。

2. 道岔编号方法

(1) 用阿拉伯数字从车站两端由外向里依次编号，上行列车进站一端用双数，下行列车进站一端用单数，如图3-6～图3-8所示。

(2) 站内道岔，一般以车站站房中心线作为划分单数号和双数号的分界线。

(3) 每一组道岔均编为单独的号码，对于渡线、交分道岔等处的联动道岔，则编为连续的单数或双数。

(4)当大型车站有几个车场时,每一车场的道岔必须单独编号。为区别车场道岔号码应使用三位数字,百位数字用罗马数字表示车场号码,个位和十位数字表示道岔号码。应当避免在同一车站内有相同的道岔号码。

3. 股道有效长度

股道有效长度是指在线路全长范围内可以停留列车或机车车辆而不影响信号显示、道岔转换、邻线行车的部分线路长度。

股道有效长度的起止范围由下列因素确定:

(1)警冲标。警冲标是信号标志的一种,用来指示机车车辆的停留位置(机车车辆须停留在警冲标内方而不影响邻线的列车或机车车辆的安全通过),防止机车车辆的侧面冲突,设在两会合线路间距为4m 的中间,如图3-9 所示。

图3-9 警冲标

(2)道岔的尖轨尖端(无轨道电路时)或道岔基本轨接头处的钢轨绝缘(有轨道电路时)。

(3)出站信号机(或调车信号机)。出站信号机是用来指示列车是否能进入区间的信号装置。牵引列车的机车应停留于出站信号机的内方,保证不影响信号的显示和司机确认信号。对顺向道岔,出站信号机应设于警冲标内方适当位置;对逆向道岔,出站信号机可设于道岔尖轨尖端或道岔基本轨接头的钢轨绝缘处或稍后位置。

(4)车挡。车挡的位置表明为线路的尽头。

根据线路用途及其连接形式,由上述各因素确定线路的有效长度,如图3-10 所示。

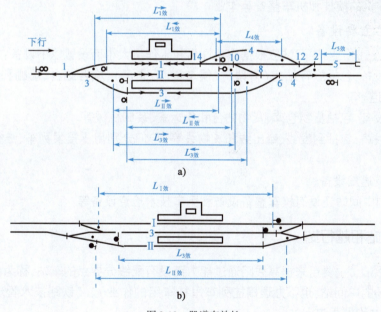

图3-10 股道有效长
a)无轨道电路;b)有轨道电路

货物列车到发线的有效长度,应根据规定的列车长度及列车停车时的附加距离(规定为30m)等因素确定。

我国铁路所采用的货物列车到发线有效长度在Ⅰ、Ⅱ级铁路上为 1250m、1050m、850m、750m、650m,Ⅲ级铁路上为 850m、750m、650m 或 550m。开行重载列车为主的铁路可采用大于

1050m 的到发线有效长度。

采用何种股道有效长度,应根据运输能力的要求,机车类型及所牵引列车的长度,结合地形条件并与相邻各车站到发线有效长度的配合等因素确定。

第二节 中 间 站

中间站是为沿线城乡人民及工农业生产服务、提高铁路区段通过能力、保证行车安全而设的车站。它主要办理列车的到发、会让、越行以及客货运业务,是设有配线的分界点。

中间站设置位置,既要符合线路通过能力的要求,又要适当满足地方工农业生产发展的需要,并应考虑地形、地质等自然条件。

 中间站作业和设备

1. 中间站主要作业

(1)列车的到发、通过、会让和越行。
(2)旅客的乘降和行李、包裹的承运、保管交付。
(3)货物的承运、装卸、保管与交付。
(4)摘挂列车的车辆摘挂和取送专用线货物车辆的调车作业。

有的中间站如有企业专用线接轨或加力牵引起、终点以及机车折返时,还需办理企业专用线的取送车、补机的摘挂和机车整备等作业。

2. 中间站主要设备

为了完成上述作业,中间站应根据作业性质和工作量大小而设置以下设备:

(1)客运设备,包括旅客站房(售票房、候车室、行李房)、旅客站台、雨棚和跨越设备(天桥、地道、平过道)等。
(2)货运设备,包括货物仓库、货物站台和货运室、装卸机械等。
(3)站内线路,包括到发线、牵出线和货物线等,它们分别用于接发列车、进行调车和货物装卸作业。
(4)信号及通信设备。

此外,有的中间站还设有机车整备设备和列车技术检查设备等。

 会让站和越行站

在我国铁路上,主要用来提高线路通过能力而设有配线分界点的车站,称为会让站和越行站(属于无货场的中间站,也不办理摘挂列车甩挂车组的作业)。《铁路技术管理规程》规定,会让站和越行站均属于中间站。

1. 会让站

会让站设在单线铁路上,主要办理列车的到发和会让,也办理少量的客货运业务。会让站设有到发线、旅客乘降设备和信号及通信设备、技术办公用房,但没有专门的货运设备。在会让站上,即可实现会车也可以实现越行。先到的列车在本站停车,等待后一个同方向的列车通过本站或在本站停车后先开,称作越行。

2. 越行站

越行站设在双线铁路上，主要办理同方向列车的越行业务。因此，越行站设有到发线、旅客乘降设备、信号及通信设备、技术办公用房等。

三 中间站布置图

中间站布置图按到发线的相互位置，主要分横列式和纵列式两种。

1. 横列式中间站布置图

横列式中间站布置的特点是到发线沿正线横向排列。这种布置图具有站坪长度短、工程投资省、设备布置紧凑、便于管理、到发线使用灵活等优点。因此，中间站广泛采用这种布置图，如图 3-11、图 3-12 所示。

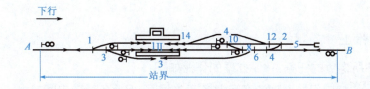

图 3-11 单线横列式中间站布置图

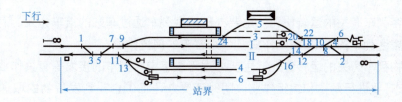

图 3-12 双线横列式中间站布置图

2. 纵列式中间站布置图

纵列式中间站布置图的特点是到发线沿正线纵向排列，通常逆运转方向错移一个货物列车到发线的有效长度。

纵列式中间站布置图，有利于组织列车不停车交会，提高区间通过能力，适应重载列车到发的需要，但这种布置图站坪长度长，工程投资大，且增加了中间咽喉，车站定员多，管理也不方便。因此，一般只在山区因地势陡窄或需组织不停车会让时采用，如图 3-13 所示。

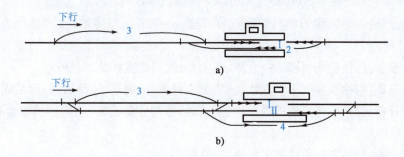

图 3-13 纵列式中间站布置图

第三节　区　段　站

区段站是铁路网上牵引区段的分界站,属于技术站,从作业内容上看又是一个综合性的铁路车站。

区段站的主要任务是为邻接的铁路区段供应及整备机车,为无改编中转货物列车办理规定的技术作业,并办理一定数量的货物列车的解体和编组作业及客货运业务。

 区段站作业和设备

区段站的作业和设备尽管在数量和规模上都不是最大的,但是作业和设备的种类却是比较齐全的。

1. 区段站作业

根据区段站所担负的任务,它要办理的作业如下:

(1)客运业务:与中间站办理的客运业务基本相同,但业务量较中间站大。

(2)货运业务:与中间站办理的货运业务大致相同,但作业量大于中间站。

(3)运转作业:

①与旅客列车有关的运转作业。主要办理旅客列车通过车站的接车作业。有的区段站还办理局管内旅客列车的始发、终到作业及个别客车的摘挂作业。

②与货物列车有关的运转作业。主要办理无改编中转列车的接发等有关作业。对区段列车和摘挂列车,要进行解体和编组作业。同时还要办理工矿企业到发货物的取送作业车等作业,有些区段站还担当少量的始发直达列车的编组任务。

(4)机车业务:主要是换挂机车和更换乘务组,对机车进行整备、检修作业等工作。

(5)车辆业务:对车列的技术检查和车辆的检修任务。在少数设有车辆段、站修所的区段站上,还办理车辆的辅修和段修业务。

区段站的作业,不论从数量上和种类上,都要比中间站量大且复杂,在办理的解体、编组及中转列车中,又以无改编中转列车所占比重大。

2. 区段站设备

区段站除有中间站的全部设备外,还有以下主要技术设备:

(1)客运设备:包括旅客站房(售票房、候车室、行李房)、旅客站台、雨棚和跨线设备(天桥、地下通道)等。

(2)货运设备:包括货场、装卸线、仓库、货物站台、货运室和装卸机械等。

(3)运转设备:包括旅客列车到发线、货物列车到发场、调车场、牵出线、简易驼峰。

(4)机务设备:包括机务段或折返段内的机车检修与整备设备、站内的机车走行线和机待线等。

(5)车辆设备:包括车辆段或列车检修所、站修线。

除上述设备外,有的还有信号、通信、照明及办公用房等设备。

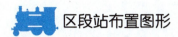 区段站布置图形

上述设备的合理布置,可从区段站的布置图上看出。由于地形、城乡规划、运量及运输性质、正线数目等因素的影响,可以形成多种多样的布置图。

区段站常见的布置图有横列式、纵列式及客货纵列式三类。

1. 横列式区段站布置图

当上下行到发线(场)平行布置在正线一侧,调车场在到发场的一侧时,称为横列式区段站布置图,如图 3-14 所示。

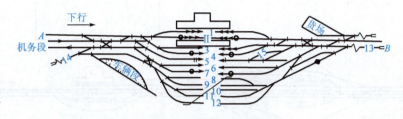

图 3-14 单线横列式区段站布置图

图 3-14 中 Ⅱ 道是正线。1、Ⅱ、3 道是旅客列车到发线,在必要时也可以接发货物列车。4、6、7 道是货物列车到发线,车站到发线的布置可以保证上、下行两个方向同时接发列车。5 道是机车走行线,下行出发和到达的货物列车机车,可经由 5 道出入段。8~11 道是调车线。调车场两端均有牵出线,并设有一个简易驼峰,以保证解体、编组取送车辆等调车作业。

现以改编列车的作业程序为例,简单说明区段站各主要设备间的相互关系。

到达解体列车自 A 方向接入到发场后(如 6 道),机车入段,车列经技术检查后由调车机车牵至牵出线,利用简易驼峰按照车辆的不同到站分别解体到调车线的各股道内进行集结。集结满至一列车时,经过编组由调车机车转至到发线进行技术检查、挂机车等作业,然后出发。对到达本站的货物作业车,则按照计划由调车机车将其从调车线经由 B 端牵出线送往货场,进行装卸作业。

横列式区段站布置图的主要优点:布置紧凑,站坪长度短,占地少,设备集中,管理方便,作业灵活性大,对各种不同地形的适应性强。缺点:一个方向的机车出入段走行距离长,对站房同侧的货物取送车和正线有交叉干扰。

2. 纵列式区段站布置图

在双线铁路上,当运量较大时,为了减少站内两端咽喉区上、下行客、货列车进路的交叉干扰,区段站可采用纵列式布置图。

在区段站,当上、下行到发场分设在正线两侧,并逆向运行方向错移,在其中一个到发场一侧,设一个双方向共同的调车场时,称为纵列式区段站布置图,如图 3-15 所示。

纵列式区段站的优点:作业上的交叉干扰较横列式少;机车出入段走行距离短,当机车采用循环运转制时,到发线上的整备设备比较集中;对站房同侧的支线或工业企业线的接轨也比较方便。缺点:站坪长度长,占地多;设备分散,投资大;定员较多,管理不便;一个方向货物列车的机车出入段要横向切正线。

3. 客货纵列式区段站

这种区段站是客运运转设备(主要是指旅客列车到发场)与货运运转设备(主要是指货物

列车到发场)纵向配列,如图 3-16 所示。

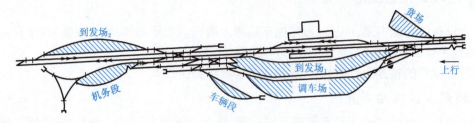

图 3-15　双线铁路纵列式区段站布置图

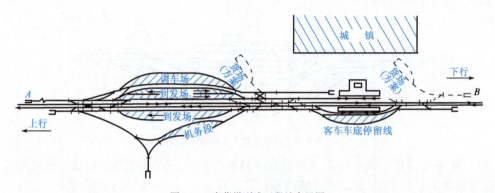

图 3-16　客货纵列式区段站布置图

此种图形往往是改建时逐步形成的,所以客、货运转设备和机务设备相互位置的配置形式很多。其优缺点与纵列式图大致相同。

第四节　编组站

一、编组站主要任务

编组站是铁路网上大量办理货物列车的解体和编组作业,并设有比较完善的调车设备的车站,它属于技术站。

编组站的主要任务,是根据列车编组计划的要求,大量办理各种货物列车的解体和编组作业,并且按照运行图规定的时刻正点接发车。

在铁路网上,编组站是铁路运输的重要生产基地,大量的空车和重车在这里汇集后被编成各种列车送往各自的目的地。因此,通常将编组站比喻为货物列车的制造工厂。

二、编组站在作业和设备上的特点

1. 编组站在作业上的特点

编组站和区段站同属于技术站,从技术作业上看,编组站和区段站都办理列车的接发、解编,机车的供应换挂,列车的技术检查及车辆的检修作业。但是,区段站主要是办理中转列车的作业,解体和编组的列车数量少,而且大多数是区段列车和摘挂列车。而编组站的主要作业是大量办理货物列车的解体和编组,而且其中多数是直达列车和直通列车。

2. 编组站在设备上的特点

编组站的设备,从种类上看,一般与区段站一样,也有运转、客运、货运、机车、车辆等设备。但位于大城市郊区的编组站,客、货运设备极其简陋;在货物运转设备方面,作为编组站主要设备的调车场和调车设备的规模和能力往往比区段站大得多。

编组站通常设在几条主要干线的会合处,也可以设在有大量装卸作业地点的大城市、港口或大工矿企业附近。

三 编组站布置图及主要类型

编组站的主要工作是进行列车的解编作业,而列车的到达、解体、集结、编组和出发等一系列作业过程,又是在编组站的各个车场上完成的。因此,到达场、调车场、出发场就成为列车改编作业的主要场地。调车设备是编组站的核心设备。调车设备的数量与规模及各车场的相互位置,就构成了编组站不同形式的布置图。

1. 按调车设备套数及调车驼峰方向划分

(1)单向编组站:只有一个调车场,上、下行只有一套调车设备(包括驼峰、调车场、牵出线),其驼峰溜车方向一般顺主要改编车流运行方向(也称为顺向)。

(2)双向编组站:有两个调车场,上、下行各有一套调车设备。一般情况下,两系统的调车驼峰应朝向各自的上行和下行调车方向。

2. 按每一套系统内车场的相互位置和数目划分

(1)横列式编组站:上下行到发场与调车场并列配置。

(2)纵列式编组站:到达场、调车场、出发场等主要车场顺序纵向排列。

(3)混合式编组站:到达场与调车场纵列、出发场与调车场并(横)列。

我国编组站布置图的基本类型,归纳有6种:单向横列式、单向纵列式、单向混合式、双向横列式、双向纵列式、双向混合式。其他类型都是在这些布置图基础上派生的,并且数量很少。

此外,我国铁路现场对编组站布置的图习惯上称为"几级几场"。"级"是指同一调车系统中到达场、调车场、发车场纵向排列(纵向数),一级式就是指车场横列,二级式就是指到达场、调车场纵列,而三级式是指到达场、调车场、发车场顺序纵列。"场"是指车场,车站有几个车场,就称为几场。

单向三级三场纵列式编组站布置图,如图3-17所示。

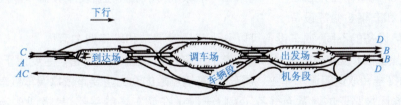

图3-17 单向三级三场纵列式编组站布置图

这种编组站在作业上的主要特点是,所有衔接方向到达的改编列车都接入一个共同的到达场,车列的解编作业集中在一个共同的调车场,发往各个方向的列车,也是在一个共用的出发场上办理。到达场、调车场和出发场是顺序配置的。

采用三级三场布置图有许多优点:首先为各方向到达改编的车流创造了良好的作业条件;

列车的到达、解体、编组、出发都是顺序进行的,形成"流水式"作业,因此改编能力较大。另外,全站只有一套调车系统,使车站作业自动化方案大为简化,有利于实现编组站现代化。其缺点是反向改编车流的运行距离增加,站坪长(6~8km)。纵列式布置改编车流在站内的作业流程如图3-18所示,图中虚线框分别表示到达场、调车场、出发场。

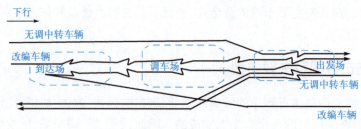

图3-18 纵列式布置改编车流作业流程图

四 调车与调车工作的种类

在铁路运输过程中,除了列车在车站的出发、到达、通过及在区间运行以外,为了编组、解体、摘挂列车或取送车辆的需要,凡机车车辆进行的一切有目的的移动统称为调车。

调车工作利用机车为动力,其活动是在车站范围内进行,按其作业的内容和目的不同可分为:

(1)解体调车:将待解车列(到达列车中的车辆),按重车的去向(到站)及空车车种分解到调车场的指定线路上。

(2)编组调车:按《铁路技术管理规程》和列车编组计划的要求,将相应(根据编组列车的有关规定)的车组或车辆选编成车列。

(3)取送列车:向装卸地点取送货物作业车或向检修地点取送检修车。

(4)摘挂调车:对变更牵引质量进行甩挂或变更运行方向的中转列车以及中间站对摘挂列车进行摘挂车辆的调车。

(5)其他调车:除了上述以外的调车,如转场、转线、整理车场等。

五 调车设备

编组站主要办理铁路货物列车到达、解体、编组、出发作业。编组站的运营特征主要反映在解体、编组的调车作业过程之中。编组站一般设有专用的到达、发车和调车场及驼峰调车设备、机车整备和车辆检修等设备。

按照使用设备的不同,调车设备可以分为牵出线调车和驼峰调车两种。

平面牵出线基本设在调车场尾部的平道上,是车站的基本调车设备。主要用于车列的编组、转线,车辆的摘挂和取送等调车作业。调车时,车辆溜放的动力主要是依靠调车机车的推力。

铁路驼峰因像骆驼的峰背而得名。驼峰一般设在调车场的头部,是将调车场始端道岔区前线路抬到一定高度,主要利用其高度和车辆自重,使车辆自动溜到调车线上,用以解体溜放车辆的一种调车设备。

驼峰与牵出线纵断面的比较如图3-19所示。

图3-19 驼峰与牵出线纵断面比较图

(一)驼峰组成

驼峰的范围,是指峰前到达场(在不设峰前到达场的时候为牵出线)与调车线间的一部分线段。驼峰的线路平面和纵断面,由推送部分、溜放部分和峰顶平台三部分组成,如图 3-20 所示。

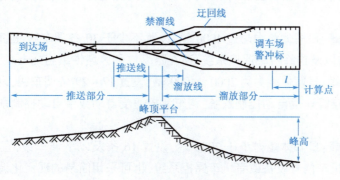

图 3-20　驼峰组成图

1. 推送部分

推送部分,是指经由驼峰解体的车列,当其第一钩位于峰顶平台的始端时,车列全长所在的线路范围。从到达场出口咽喉的最外警冲标到峰顶平台始端的线段称为推送线。设置这部分目的是使车辆得到必要的高度,并使车钩压紧以便摘钩。

2. 溜放部分

由峰顶至编组场头部各股道警冲标后 50m(非机械化驼峰或简易驼峰)或 100m(机械化驼峰)位置的线路范围。这个线路的长度称为驼峰计算长度,计算长度的末端称作驼峰的计算停车点。由于驼峰调车场的调速制式不同,因此计算点的位置也不尽相同。一般每一调车线各有一个计算停车点。

3. 峰顶平台

驼峰推送部分与溜放部分的连接处,设有一段平坦的部分。

(二)驼峰分类

1. 按技术装备和车辆溜放方式划分

按技术装备和车辆溜放方式的不同,驼峰可分为简易驼峰、非机械化驼峰、机械化驼峰、半自动化驼峰和自动化驼峰。

(1)简易驼峰:多数是利用原有调车场牵出线头部平地起峰修建而成。道岔控制一般采用非集中操纵或电气集中操纵、制动工具采用铁鞋,它一般设在调车线大于 5 股的区段站或小型的编组站上。

(2)非机械化驼峰:道岔控制采用电气集中或自动集中,制动工具采用铁鞋、到达场高程高于调车场。非机械驼峰一般设在调车线少于 15 股的中小型编组站上。

(3)机械化驼峰:道岔控制采用自动集中,制动设备主要用于人工控制车辆减速器,到达场高程高于调车场,它一般设在调车场多于 15 股道的大中型编组站上。

(4)半自动化驼峰:道岔控制采用自动集中、制动设备通过人工控制减速器出口速度,采用自动化设备,如测长、测重设备等。

(5)自动化驼峰:它是在半自动化驼峰的基础上采用一系列自动化设备,自动控制车辆减速器,雷达测速,自动控制车组间隔、车辆溜放进度、目的制动,采用电子计算机实现自动控制。

2. 按解体作业能力和控制设备划分

按照解体作业能力和控制设备的不同,驼峰可分为大能力驼峰、中能力驼峰和小能力驼峰三类。

(1)大能力驼峰:日解体能力超过4000辆,设置不少于30条调车线,配有车辆溜放速度、溜放进路控制系统以及推峰机车遥控系统,建在路网性和区域性编组站上。

(2)中能力驼峰:日解体能力为2000~4000辆,设置17~29条调车线,设有溜放进路控制系统,宜配有机车推峰速度自动控制系统、钩车溜放速度自动或半自动控制系统以及推峰机车遥控系统。

(3)小能力驼峰:日解体能力小于2000辆,设置16条及以下调车线,宜配有溜放进路自动控制系统、驼峰机车信号设备或者机车遥控系统,也可采用简易的现代化调速设备。

(三)驼峰调速工具

调速工具主要用来调控溜放车辆速度,按其在驼峰调车中的作用可分为间隔制动、目的制动和调速制动。

间隔制动是保证前后溜放车组间保持必要时间间隔,以便道岔能安全转换的制动。目的制动是为保证车组能安全溜入调车线至预定地点停留的制动。

驼峰调车场调速工具,是为了提高驼峰的改编(解体)能力,保证作业安全所必需的设备。目前铁路上常用的调速工具有人力制动机、制动铁鞋和车辆减速器、减速顶等。在机械化驼峰上,除调车场内使用铁鞋制动外,驼峰溜放部分采用车辆减速器。而在自动化驼峰上,根据车辆的走行性能、质量,预定的停车地点以及溜放速度等条件,由自动化装置控制减速器的制动能力。

1. 铁鞋

铁鞋对溜放车辆的制动,是使溜放车辆的车轮压上铁鞋,迫使铁鞋在钢轨上滑行产生制动力。

2. 车辆减速器

目前,我国铁路采用的减速器主要有以下两种。

(1)非重力式(压力式)减速器:利用压缩空气作动力,由钢轨两侧的制动夹板挤压车轮进行制动,其构造及工作原理简图如图3-21所示。当需要对车辆进行制动时,操纵制动按钮,使压缩空气进入气缸,活塞杆5和杠杆4的末端就被压向下方,而缸体6连同杠杆3的末端则上升。这样,由于两杠杆末端分开,使夹板1合拢而挤压车轮实现制动。

(2)重力式减速器:主要借助于车辆自身的重力,使制动夹板产生对车轮的压力而进行制动。这种减速器类型很多,我国铁路采用比较普遍的是双轨条油压重力式减速器。

重力式减速器与非重力式减速器相比,其优点主要在于制动力的大小可由被制动车辆的自重大小而自动调节,不需再设置测重设备,也不需要空压和储风设备,成本较低。

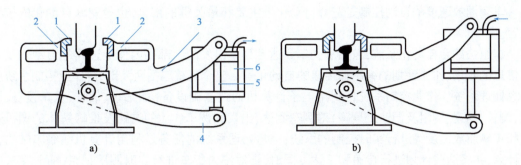

图 3-21 非重力式减速器构造原理图
a) 缓解位；b) 制动位
1-夹板；2-制动梁；3、4-杠杆；5-活塞；6-缸体

3. 减速顶

减速顶由吸能帽和壳体(外壳、活塞组合件、密封组合件和止冲装置)等部分组成。减速顶安装在钢轨一侧，吸能帽斜对轮缘部分，如图 3-22 所示。

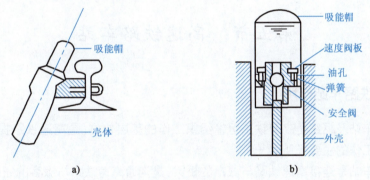

图 3-22 减速顶

减速顶是一种不需要外部能源的、可以自动控制车辆溜放速度的调速工具。当车辆的走行速度低于减速顶的临界速度(事先设定的速度)时，减速顶对车辆不起减速作用；当车辆走行速度高于减速顶的临界速度时，则减速顶对车辆产生减速作用。

减速顶的优点在于灵敏度高，性能良好，维修简便，是一种较好的调速工具。目前我国铁路已在众多编组站上采用。

六 编组站综合自动化

随着经济的快速发展，铁路运输日益繁忙，担负大量列车编解作业的编组站综合自动化作业成为各国铁路系统不断努力与完善的目标。

驼峰自动化是编组站现代化的主要内容和重要标志，是强化铁路编组最有效的措施之一。驼峰调车作业自动化不仅能有效提高驼峰作业的效率和编组站改编能力，还能保证作业安全、改善劳动条件和减轻劳动强度。

驼峰自动化主要包括：车辆溜放速度的自动调节和自动控制，车辆溜放进路的自动选排和自动控制，驼峰机车推送速度的自动调节和自动控制，摘解制动软管和提钩作业的自动化。

车辆溜放速度的自动控制是驼峰自动化最主要和最关键的部分,也是驼峰自动化的核心内容。

编组站综合自动化系统,包括从列车到达至列车出发的全部站内作业过程的自动化及货车信息的收集、作业计划的编制和传递的自动化等。整个系统包括两大部分:作业控制系统和信息处理系统。作业控制系统是利用电子计算机通过基础设备(如站场、信号、机车设备、测重、测长、测速、测阻及调速工具等)对列车到达、出发和调车作业的进路及推峰解体的调机速度和车辆溜放速度等进行实时控制的系统;信息处理系统的任务是利用计算机编制车站的各种计划,并将这些计划进行传递和下达。同时,要对站内货车进行实时跟踪记录,随时将车站内各股道上的实时车信息及作业结果储存到计算机的相应文件内,以供随时取用。另外,还要通过电传设备与相邻技术站进行列车到达和出发的预确报资料交换,以及填制货车的有关报表并进行整理和统计分析等。

编组站作业的综合自动化,极大改善了编组站的工作条件,使作业效率、作业安全和工作质量得到大幅度提升,使编组站的生产能力、编组站的运营管理水平均有显著提高。因而,它是铁路运输现代化的标志之一,也是我国铁路编组站的发展方向。

第五节 高速铁路车站

一 高速铁路车站作用

高速铁路车站及枢纽是高速铁路运输组织工作的基层单位,是高速铁路提供客运服务和进行行车组织工作的主要场所之一。

高速铁路车站是连接高速铁路与城市的桥梁,是沟通高速铁路与旅客的纽带,是诠释高速铁路服务内涵的载体,是代表铁路形象的标志性建筑。高速铁路所提供的服务具有高速度、高密度、大运能等特点,因而高速铁路车站主要设在大城市所在地。

按照高速线沿既有线基本并行修建,实行高速线高、中速旅客列车共线的建设模式,高速铁路的车站有与既有站分设和合设两种布置图。

二 高速铁路车站作业

根据技术作业性质不同,高速铁路的车站可划分为 4 种类型,即越行站、中间站、始发终到站以及通过兼始发、终到站。

(一) 越行站

越行站的主要作业是办理中速列车待避高速列车。如图 3-23 所示,正线Ⅰ、Ⅱ办理高速列车通过,到发线 3、4 办理中速列车待避。由于不办理客运业务,原则上可不设站台。

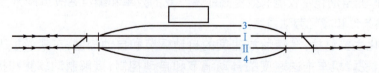

图 3-23 高速越行站布置图

越行站在高速线上的布局,应根据高、中速列车的比例、列车开行方案、高速线需要的通过能力等因素来确定。

(二) 中间站

在高速线上新建的高速中间站办理以下主要作业:
(1) 高、中速旅客列车停站或不停站通过;
(2) 中速旅客列车待避高速旅客列车;
(3) 少量高速旅客列车夜间折返停留;
(4) 办理停站的各种旅客列车的客运业务。
中间站的布置图有以下两种。
(1) 对应式

对应式中间站的两个站台夹4条线,Ⅰ、Ⅱ道为正线,3、4道为到发线。考虑到办理四交会的可能,故设两条停车待避用的到发线。这种布置图的优点是站台不靠近正线,高速列车自正线通过时,不影响站台上旅客的安全,站台安全退避距离不必加宽,如图3-24a) 所示。

(2) 岛式

岛式中间站的中间站台靠近正线,Ⅰ、Ⅱ道正线为高速列车通过线,3、4道为待避线。如图3-24b) 所示。

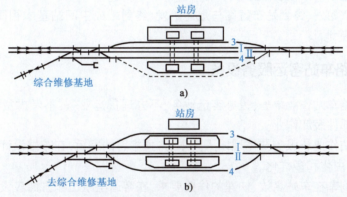

图3-24 高速铁路中间站布置图

这种布置图的缺点:当有列车在正线停靠站台时,会影响后续追踪列车通过,降低区间通过能力;另外,由于高速列车通过时受列车风的影响,站台安全退避距离需要加宽,以保证旅客的安全,并需设置防护栅栏。

(三) 始发、终到站

这类车站设置在高速铁路的起点和终点,位于特大城市的铁路枢纽,主要办理始发、终到高速列车的作业。新建的高速铁路始发、终到站作业内容如下:
(1) 办理高速旅客列车的客运业务;
(2) 办理高速旅客列车的始发、终到,动车组的取送和折返作业;
(3) 办理动车组的整备、检修作业。

新建的高速始发、终到站布置如图3-25所示,图上设有到发线4条,站台4座。由于没有不停站的高速旅客列车通过,正线可设在靠近站台,并作为到发线使用。始发站应设有与到发线相衔接的动车段(所)或综合维修基地。

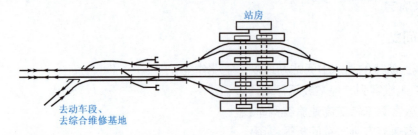

图 3-25　高速始发、终到站布置图

(四) 通过兼始发、终到站

这类车站设在高速铁路沿线大、中城市的铁路枢纽,一般都与普通铁路干支线接轨,以办理通过的高、中速旅客列车作业为主,兼办理部分始发、终到的高速列车作业。

新建的通过兼始发、终到站办理以下作业:
(1)办理高、中速旅客列车的客运业务和旅客换乘;
(2)办理停站、不停站的高、中速旅客列车通过作业;
(3)办理部分始发、终到高速旅客列车的始发、终到作业;
(4)办理高速列车动车组的整备、检修作业。

新建的通过兼始发、终到站布置图与上述始发、终到站或中间站基本相同,可设有动车段(所)或综合维修基地。

三　高速铁路车站客运服务设备

我国高速铁路车站作业单一,只办客运业务,不办货运业务,不考虑货物列车的各项作业,不办理行包、邮件装卸作业。

高速铁路车站作业和服务要体现以人为本、方便旅客的宗旨,在车站设计上提倡旅客流程立体化,进出站自由化和多样化。

为适应高速列车在车站高效、快速的作业要求,在客运组织工作方面应设置自进站至站台候车全程醒目清晰的旅客引导电子设备,一定时间段内各次列车电子信息告示牌,准确、醒目的停车车号,车门位置的标志,使高速列车能准确无误地停在与站台标志一致的位置,旅客能以最短的时间上车。

根据客运量大小,配备多个自动售票和自动识别检票口,消除售票和进出站排队的现象,快速组织完成折返列车清洁、废物处理、上水和物品供应工作。在行车组织工作方面,车站应有自动控制接发列车信号系统,包括信号机显示、接发列车进路的自动控制和完成操作,以减少办理闭塞和开通进路的时间,提高行车工作效率和安全保证。车站平面布置应使停站列车以不低于 80km/h 的速度进入进站信号机,并安全准确地到达停车位置。通过列车保证不减速在车站通过并保证与停站或待避列车的安全。

四　建立完善的高速铁路客运服务系统

1. 票务子系统

该系数是以席位管理和交易处理为核心,建立广泛的销售渠道,适应多种售票方式、多种支付方式、灵活的营销策略,包含自助式销售和自动检票的实时交易系统。

2. 旅客服务子系统

该系统是以为旅客提供全方位信息服务为目标,实现车站信息自动广播、导向揭示、信息服务、监控等功能,并提供互联网、呼叫中心、无线局域网通信等多种途径的信息服务,运用多样化的服务手段为旅客提供优质的服务,实现旅客服务的信息化。

3. 呼叫中心子系统

该系统是以电话方式,在旅客旅行的各环节中为其提供全方位的查询、咨询、订票、投诉、建议等服务,成为客户与铁路之间沟通、互动的重要渠道。

4. 互联网服务子系统

该系统是以满足旅客的需求为出发点,在高度信息安全保障的基础上,建立客户与铁路服务者之间沟通和互动渠道。以互联网接入的方式,在旅客旅行的各环节中为其提供全方位的查询、咨询、定位、投诉等服务。

第六节　铁路枢纽

 铁路枢纽的意义

铁路枢纽是与国民经济各部门联系的重要环节,是铁路网的一个重要组成部分。在铁路网上,几条铁路干线相互交叉或接轨的地点,需要修建一个联合车站,或修建几个专业车站及连接这些车站的联络线、进出线路、跨线桥等设备,这些车站和设备组成的整体称为铁路枢纽。枢纽各站既有分工又有联系,共同担负着枢纽地区的铁路运输任务。

铁路枢纽既是客货流从一条铁路转运到各接轨铁路的中转地区,又是城市、工业区客货到发和联运的地区。除了办理枢纽内各种车站的有关作业外,铁路枢纽在货运业务方面还办理货物的承运、装卸发送和保管等业务,在客运业务方面办理直通、管内和市郊旅客列车作业,在货物运转方面办理无调中转和改编列车的转线作业和小运转列车作业。此外,它还是组织车流交换、进行机车车辆检修作业、调整列车运行和供应列车牵引动力的重要据点。铁路枢纽如图3-26 所示。

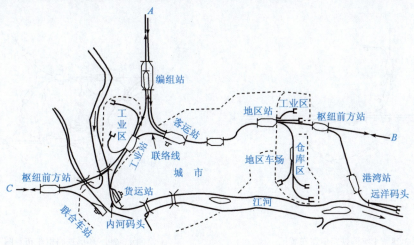

图 3-26　铁路枢纽示意图

二 铁路枢纽的设备

为了完成铁路枢纽所担负的各种复杂而繁重的运输任务,铁路枢纽一般应具有下列设备。

(1)车站:包括编组站、货运站(综合性或专业性货运站)客运站、工业站、港湾站等。

(2)铁路线路:包括引入正线、联络线、迂回线、环线、专用线等。

(3)疏解设备:包括线路所,铁路线路与铁路线路的平面和立体疏解设备,铁路线路与城市道路的交叉设备(如道口和立交桥)。

(4)其他设备:包括机务段、车辆段和客车整备所等。

上述部分或全部技术设备,应在分析枢纽内车流的基础上,结合既有铁路现状和地理、工程条件等因素,密切配合城市规划和工农业建设进行全面规划,分期发展。

三 铁路枢纽布置图

根据枢纽范围内专业车站和铁路线路在总图结构上的特征,并结合一定的车流条件,可以形成不同的铁路枢纽布置图,如一站铁路枢纽、十字形铁路枢纽、三角形铁路枢纽、顺列式铁路枢纽、并列式铁路枢纽、环形铁路枢纽、混合式铁路枢纽和尽端式铁路枢纽。如图 3-27 ~ 图 3-29 所示。

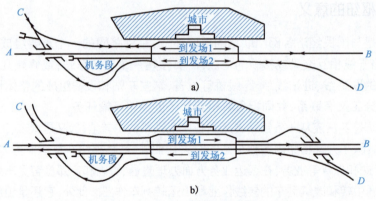

图 3-27 一站铁路枢纽布置图

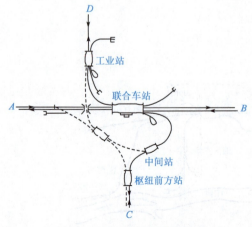

图 3-28 十字形铁路枢纽布置图

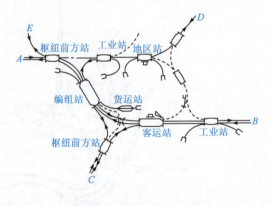

图 3-29 环形铁路枢纽布置图

复习思考题

1. 什么是铁路车站？铁路车站的作用是什么？车站如何分类？
2. 什么是区间？什么是区段？
3. 车站线路有哪些种类？什么是线间距？
4. 车站线路和道岔应如何进行编号？
5. 什么是股道有效长？确定有效长的主要因素有哪些？
6. 什么是中间站？它的主要任务是什么？
7. 什么是区段站？它的主要任务是什么？它所办理的主要作业有哪些？应具备哪些主要设备？
8. 区段站布置图有哪几种？
9. 什么是编组站？编组站的主要作业有哪些？
10. 编组站在作业与设备上有何特点？
11. 编组站布置图的基本类型有哪几种？
12. 驼峰是什么设备？其组成包括哪几个部分？如何分类？
13. 我国铁路驼峰调车中常用的调速工具有哪些？
14. 驼峰自动化主要包括哪些内容？
15. 什么是铁路枢纽？有什么作用？
16. 铁路枢纽如何分类？铁路枢纽布置图有哪几类？

第四章

铁路车辆

铁路车辆是铁路运送旅客和货物的乘载工具,除动车组的动车外,它一般没有动力传动装置,需要把许多车辆连挂在一起,由机车牵引运行。

第一节 概 述

一 车辆种类

铁路车辆按用途可分为客车、货车及特种用途车三类。

(一)客车

客车可分为运送旅客、为旅客服务和特殊用途三种。

1. 运送旅客的车辆

(1)硬座车:旅客座位为半硬制品(如泡沫塑料)或木制品的座车。相对的两组座椅中心距离在1800mm以下的座车。

(2)软座车:旅客座位及靠垫设有弹簧装置,相对的两组座椅中心距离在1800mm以上的座车。

(3)硬卧车:卧铺为三层,铺垫为半硬制品(如泡沫塑料),卧室为敞开式或半敞开式的卧车。

(4)软卧车:卧铺为二层,铺垫有弹簧装置,卧室为封闭式单间,单间定员不超过4人的卧车。

(5)合造车:一辆车上同时设有两种或两种以上用途的车内设备的车辆,如软硬座合造车,行李邮政合造车等。

(6)双层客车:设有上、下两层客室的座车或卧车。

(7)简易客车:设有简易设备的客车。

(8)代用客车:用货车改装的、代替客车使用的车辆,如代用座车、代用行李车等。

2. 为旅客服务的车辆

(1)餐车:供旅客在旅行中饮食就餐用的车辆。车内设有厨房、餐室及储藏室(同时还有小卖部)等设备。

(2)行李车:供旅客运输行李及物品的车辆。车内设有行李间及办公室等设备。

3. 特种用途的车辆

(1)邮政车:供运输邮件使用的车辆,设有邮政间及邮政员办公室等设备。常固定编挂于旅客列车中。

(2)空调发电车:专给集中供电的空调车供电的车辆,车内设有柴油发电机组。

(3)公务车:供国家机关人员到沿线检查工作时办公用的专用车辆。

(4)医疗车:到铁路沿线为铁路职工及家属进行巡回医疗使用的车辆,车内设有医疗设备。

(5)卫生车:专供运送伤病员使用的车辆,车内设有简单的医疗设备。

(6)文教车:为沿线铁路职工进行文艺演出、文化教育和技术教育使用的车辆。车内设有必要的文娱和教育用器具及设备。

此外，还有轨道检查车、轨道探伤车、隧道摄影车、限界检查车、锅炉车等特殊用途的车辆。

(二) 货车

货车是供运送货物的车辆，原则上编组在货物列车中使用。货车类型很多，按用途可分为通用货车、专用货车。

1. 通用货车

通用货车可装载多种货物，主要有以下3种。

(1) 敞车：其车体两侧及端部均设有0.8m以上的固定墙板、无车顶，主要用来装运散粒货物，如煤、焦炭等；可装运木材、集装箱等无须严格防止湿损货物；也可加盖篷布，运输怕湿损的货物；还可装运质量不大的机械设备。因此敞车具有很大的通用性。

(2) 棚车：车体设有车顶、侧墙、端墙和门窗，用以装运各种需防止湿损、日晒或散失的货物，如布匹、粮食等。

(3) 平车：底架承载面为一平面，通常两侧设有柱插，用来装运钢材、机器、设备、集装箱、汽车、拖拉机等。有的平车还设有可向下翻倒的活动矮侧墙和端墙，用来装运矿石、砂土等块粒状货物。

2. 专用货车

专用货车专供运送某些种类的货物，主要有以下13种。

(1) 罐车：设有圆筒形罐体，专用于装载液体、液化气体或粉状货物的车辆。按货物品种可分为轻油罐车、黏油罐车、沥青罐车、食油罐车、水罐车、化工品罐车、粉状货物罐车、液化气罐车等。按卸货方式可分为上卸式罐车和下卸式罐车等。

(2) 冷藏车：车体设有隔热材料，车内设有降温和加温设备，用以装运易腐货物，如鱼、肉、水果等；也可装运对温度有特殊要求的货物。根据保温设备的不同，保温车可分为加冰冷藏车、机械冷藏车和冷藏加温车等。

(3) 煤车：车体与敞车相似，有固定的端、侧墙和卸货用的特殊车，如底开、横开或漏斗式车门等，主要用以运送煤炭。平底的煤车也可以做敞车用。

(4) 矿石车：车体有固定的侧、端墙和卸货用的特殊车门，主要用以运送各种矿石、矿粉。有的整个车体能借液压或空气压力的作用向任一侧倾斜，并自动开启侧门，把货物倾泻出来(此种车辆也称为自动倾翻车，简称自翻车)。

(5) 砂石车：又称低边车，有固定的高度不足0.8m的侧端墙，以防止过载，主要用于运送砂土、碎石等货物。

(6) 长大货物车：车体长度在19m以上、无端板、载重70t以上，用以装运质量特大或长度特长的货物。有的车体中部凹下或设有落下孔，便于装载高大货物；有的将车辆分为两节，运货时将货物夹持和悬挂在两节之间或通过专门支架跨装于两节车上，称为钳夹车或双联平车，用以装运体积特别庞大的货物。

(7) 通风车：车体与棚车相似，但侧墙上没有百叶窗，顶棚设有通风口等通风设备，能从车外大量流入新鲜空气，而且能防止雨水侵入车内，用以运送鲜果、蔬菜等货物，也可运送一般货物。

(8) 家畜车：车体与棚车相似，设有通风设备、给水设备、押运人员乘坐空间及饲料堆放间,有的还装有饲料槽,用以运送牛、马、猪等活家畜。根据运送家畜大小的不同,车体内还可加装隔板分层。

(9)水泥车:车体为圆柱形罐体,上部有装入水泥的舱孔,下部有漏斗式底开门,专供运送散装水泥的车辆。

(10)活鱼车:运送鱼苗及活鱼用的车辆。车内设有水槽、注排水装置、水泵循环水流装置、通风口、百叶窗及加温装置等设备。

(11)集装箱车:车体上设有固定集装箱的设备,用以装运集装箱的车辆。

(12)粮食车:车体设有一个或数个带盖或不带盖的具有一定斜坡的装货斗的车辆。通常借货物的自重从漏斗口卸货。

(13)毒品车:专供运送有毒物品的车辆,如运输农药等。

(三)特种用途车

特种用途车是具有特殊用途的车辆,主要有以下6种。

(1)试验车:供科学技术试验研究使用的车辆,车内设有试验仪器设备。

(2)发电车:设有动力机械驱动的发电设备的车辆。有单节的,也有由发电车、机修车及发电人员生活用车等合编成的电站式车列,可称为电站车组。发电车能作为铁路线上流动的发电站,供缺电处所用电。

(3)检衡车:用于鉴定轨道平衡性能的车辆,设有砝码或同时设有操作机器。

(4)除雪车:供扫除铁道积雪之用。车上装有专门的扫雪装置,一般由机车推动前进。

(5)救援车:供列车发生颠覆或脱轨事故时,排除线路障碍物及修复线路故障使用的车辆。一般编成救援列车,包括起重吊车、修复线路工具车、材料车、救援人员的食宿车等。

(6)维修车:供检查和维修铁道线路设备的车辆。车内设有必要的维修检查装备。

另外,还有按装载质量(50t、60t、75t、90t、350t等多种)、车辆轴数(四轴车、六轴车、多轴车)、制作材料(全钢车、耐候钢、不锈钢、铝合金等新型材料的车辆)等分类方法。

三 车辆标记

为便于对客、货车辆的运用和管理,在车辆指定部位涂打的用于标明车辆配属、车种、车型、用途、编号、主要参数、方向、位置等的文(数)字和代号称为车辆标记。车辆标记分为共同标记和特殊标记。

(一)共同标记

1. 国徽

参加国际联运的车辆,需标记中华人民共和国国徽。

2. 路徽

凡是国铁集团所属车辆,均应涂打路徽标记并安装产权牌(路徽的含义是"人民铁路")。

3. 制造厂名及日期标牌

制造厂名及日期标牌与产权牌(为一路徽标志牌)均为铸铁标牌,安装于侧梁的一端。

4. 车辆种类、车型与车号

涂打于车辆两侧,为实现全路车辆计算机动态管理,中国铁路总公司对货车的车种、车型、车号进行了统一编码。

（1）车辆种类原则上用该车种汉语名称的一个汉语拼音字母表示,见表 4-1。车型编码由不超过 7 位数的字母和数字组成。客车号码用 5 位数,货车号码用 7 位数。例如,$YZ_{25G}48479$ 的含义为:YZ 表示基本型号为硬座,25G 表示辅助型号,为集中供电空调车,48479 表示客车制造顺序号码;车号 $C_{80B}4375210$ 的含义为:C 表示敞车,80B 表示辅助型号,装载量 80t,4375210 表示客车制造顺序号码。

车辆种类代号　　　　　　　　　　　　表 4-1

客车			货车		
序号	车种	代号	序号	车种	代号
1	软座车	RZ	1	棚车	P
2	硬座车	YZ	2	敞车	C
3	软卧车	RW	3	平车	N
4	硬卧车	YW	4	罐车	G
5	行李车	XL	5	保温车	B
6	邮政车	UZ	6	集装箱车	X
7	餐车	CA	7	矿石车	K
8	公务车	GW	8	长大货物车	D
9	卫生车	WS	9	毒品车	W
10	空调发电车	KD	10	家畜车	J
11	医疗车	YI	11	水泥车	U
12	试验车	SY	12	粮食车	L
13	简易座车	DP	13	特种车	T
14	维修车	EX	14	自翻车	KF
15	文教车	WJ	15	活鱼车	H
16	特种车	TZ	16	通风车	F
17	代用座车	ZP			
18	代用行李车	XP			

（2）车辆制造顺序号码:表示按预先规定的规则而编排的某一车种的顺序号码。用以区分同一类型的不同车辆,用大阿拉伯数字表示,记载在基本型号和辅助型号的右侧。

5. 自重(t)

车辆的自身质量。

6. 载重(t)

车辆的设计装载质量,客车还要标明载客定员。

7. 容积(m^3)

车辆内部的空间容积。有的车辆标注"长×宽×高",平车标注"长×宽",罐车要标明容量计算表号码。

8. 换长

车辆全长(m)除以 11m 所得的值,取小数点后一位。

9. 车辆定位标记

装有手制动机或制动缸活塞杆伸出方向为一位端,另一端为二位端。

10. 配属标记

为配属局、段的简称。如"京局京段",表示北京铁路局北京车辆段的配属车。

11. 检修标记

检修标记是指厂修、段修、辅修、轴检标记。

(二) 特殊标记

1. 人

具有车窗和车顶烟囱的棚车及 P_{64}、P_{65} 型系列棚车须在车体两侧性能标记的下方涂打"人"字标记。

2. 超

表示某部分结构超出车辆限界的货车。

3. 关

货车活动墙板及其他活动部分翻下超过车辆限界者,必须关闭完好后才准运行,应在每扇门内侧及侧梁中部涂打"关"字标记。

4. 特

可以装运坦克及特殊货物的车辆应在车体两侧性能标记的下方涂打"特"字标记。

5. MC

符合参加国际联运技术条件的货车应涂打联运标记。

6. 卷

凡装有牵引钩的货车,必须在 1、4 位牵引钩上方涂打"卷"字标记。

7. 白色横线

救援列车车辆车体中部涂 200mm 宽的专用识别色带。

8. 黄色横线

装运剧毒品的罐车、棚车在车体中部涂 300mm 的黄色色带。

9. 红色横线

装运爆炸品的货车,涂 300mm 宽的红色色带,中间还要涂打"危险"二字。

车辆标记是加强铁路管理,保证运输安全,提高运输效率的重要措施,必须认真执行。

三、技术参数

车辆的技术参数是指车辆技术规格的某些指标,是从总体上表征车辆性能及结构的一些数字。车辆的主要技术参数,一般包括性能参数和主要尺寸。

(一) 性能参数

1. 自重

空车时,车辆自身具备的质量称为车辆的自重。即车体和转向架本身结构以及附于其上的所有固定设备和附件质量之和。在保证车辆具有足够的强度、刚度情况下,车辆的自重越小越经济。

2. 载重

车辆标记中所注明的货物或旅客和行李包裹的质量(包括整备品和乘务人员的质量)称为车辆的载重,即车辆所允许的最大装载量,它表明车辆的装载能力。

3. 总重

车辆的自重与载重之和称为车辆的总重。对不装运货物、旅客和行李物品的车辆是指自重与整备品和乘务人员的质量之和。

4. 自重系数

货车的自重系数为货车自重与额定载重之比值。客车的自重系数为客车自重与定员数之比值。自重系数是表明车辆技术经济合理性的一个重要指标。在保证车辆的强度、刚度和使用寿命的条件下,自重系数越小就越经济。对客车来说,还应在考虑旅客的安全、舒适和车内卫生条件的同时,应力求降低自重系数。

5. 容积

车辆内部可容纳货物的体积称为车辆的容积。一般以车辆内部的长×宽×高(长度单位为 m)表示,罐车以 m^3(空气包容积除外)表示。

6. 比容积

货车容积与额定载重的比值称为比容积,亦即货车每吨载质量所占有的货车容积。当车体容积过大时,在装载比重大的货物时,车体容积不能得到充分利用。反之,若车体容积过小,在装载比重小的货物时,载质量又得不到充分利用。因此,要适应装载不同的货物,合理地设计车体容积是十分重要的。

7. 比面积

货车地板面积与额定载重的比值称为货车比面积。比面积表示货车平均每吨载质量所占的地板面积,这个指标主要用于平车的设计中。

8. 最高试验速度

最高试验速度是指车辆设计时,按安全及结构强度等条件所允许的车辆最高行驶速度。

9. 最高运行速度

除满足上述安全及结构条件外,还必须满足连续以该速度运行时车辆有足够良好的运行性能。以往常用"构造速度"作为参数,因其概念不够明确,现多以"最高试验速度"和"最高运行速度"来替代它。

10. 轴重

车轴所允许担负的最大质量与轮对自重之总和称为轴重。计算公式为:

$$轴重 = 车轴允许担负的最大质量 + 轮对自重(t)$$

四轴车辆轴重计算公式:

$$轴重 = \frac{自重 + 载重}{4}(t) \tag{4-1}$$

轴重一般不允许超过铁道线路及桥梁所容许的数值。线路容许轴重则与钢轨型号、每公里线路上铺设的枕木数量、线路上部结构的状态以及列车的运行速度有关。目前,我国铁路线路允许最大轴重为25t。

11. 每延米重

车辆总重(自重+载重)与车辆长度之比值称为每延米重(即每延米线路荷载)。每延米重是表示车辆通过桥梁的可能性。每延米重是根据设计桥梁荷载图来确定的,我国规定每延米重为8t。

(二)主要尺寸

1. 车辆长度

车辆两端两个车钩均处于闭锁位置时,两钩舌内侧面之间的距离(m)称为车辆长度。车辆长度随着生产技术水平的提高日益加长,但受到车辆在曲线上的偏移量和生产运用条件的限制,所以一般车辆长度都在26m以下。

2. 车辆宽度与最大宽度

车辆宽度指车辆两侧的最外凸出部位之间的水平距离。车辆最大宽度指车辆侧面的最外凸出部位与车体纵向中心线间的水平距离的2倍。

3. 车辆高度与最大高度

空车时,车体或罐体上部外表面至轨面的垂直距离为车辆高度。车辆最大高度指空车时车辆上部最高部位至轨面的垂直距离。

4. 车体、底架长度

车体长度为车体两外端墙板(非压筋处)外表面间的水平距离。底架长度为底架两端梁外表面间的水平距离。罐体长度指罐体两端板(不包括加温套)最外表面间的水平距离。

5. 车体内部主要尺寸

(1)车体内长:车体两端墙板内表面间的水平距离。
(2)车体内宽:车体两侧墙板内表面间的水平距离。
(3)车体内侧面高:由地板上平面至侧墙上侧梁的上平面间的垂直距离。
(4)车体内中心高:由地板上平面至车顶中央部内表面间的垂直距离。

6. 地板高度

地板高度指空车时,底架地板(或木地板)上表面至轨面的垂直距离(不包括木地板覆盖物,例如地板布、地毯等的厚度)。

7. 车钩中心线高度

车钩中心线高度指空车时,车钩中心线至轨面的垂直距离。这是保证各车辆之间和车辆与机车之间能够正常连挂运用的最重要的尺寸。我国客货车辆车钩高度标准均为880mm。

第二节 车辆构造

铁路车辆种类繁多,但其构造基本相同,一般由车体、车内设备、走行装置、车钩缓冲装置、制动装置5个基本部分组成。

一、车体

车体是供旅客乘坐或装载货物的部分。车体结构形式因各种车辆用途不同,差别较大,一般由车底架、侧墙、端墙、地板、车顶等组成。

车底架是车体的基础,承受各种垂直与纵向力的作用,由中梁、枕梁、端梁、横梁、侧梁及辅助梁组成,如图4-1所示。

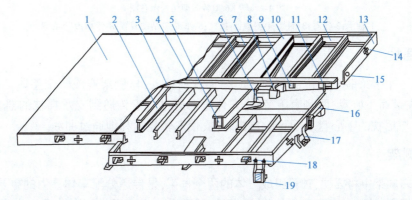

图 4-1 C_{62B} 型敞车底架

1-钢地板;2-大横梁;3-中梁隔板;4-中梁;5-枕梁隔板;6-心盘座角钢;7-小横梁;8-后从板座;9-磨耗板;10-枕梁;11-前从板座;12-侧梁;13-端梁;14-绳栓;15-制动主管孔;16-冲击座;17-手制动轴托;18-下侧门搭扣;19-脚蹬

中梁是车底架主要受力部分,两端安装车钩缓冲装置。枕梁位于两端梁内侧,车体和货物的重力是通过枕梁底部中央的上心盘传给走行装置的下心盘。上心盘两边的上旁承与走行装置的下旁承相对应并留有间隙,可检查货物是否偏载,运行中也称作限制车体的倾斜。

客车车底架与货车相似,不同的是客车车底架两端有通过台。双层客车与凹形平车的车底架中部制成下凹形,这样双层客车上下层都有2m高,凹形平车也能装载大型货物。

车底架与各墙板、车顶连接成一个整体,承受垂直荷载和纵向拉、压、冲击力,要从材料与结构上保证它有足够的强度。

二、车内设备

客车车内设备是为了旅客旅行的舒适、方便所提供的必要设备,如给水设备、空调取暖设备、车电设备、坐卧设备等。

货车车内设备是为了货物装卸方便、运载安全和特殊要求安装的设备。一般货车车内设备要比客车少得多,如冷藏车有升、降温设备,罐车有装、卸油设备和安全装置,自卸车有手动、液压或风动卸车设备等。

三、走行装置

走行装置是支承车体并担负走行任务的部分。我国车辆的走行装置多数由两台相同并独立的二轴转向架组成。我国货车重载高速转向架主要有交叉支撑杆式K1、K2、K6型转向架和摆动式K4、K5型转向架。广泛应用的为K6型转向架。

货车转向架由摇枕、侧架、弹簧减振装置、轴箱润滑装置和轮对组成,如图4-2所示。

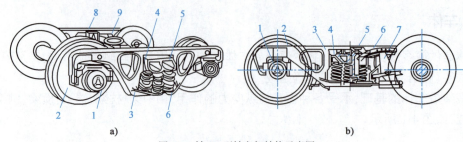

图 4-2 转 K6 型转向架结构示意图
1-轴承;2-轮对;3-侧架;4-斜楔;5-摇枕;6-弹簧;7-制动装置;8-旁承;9-下心盘

(一) 摇枕

摇枕像一个横梁装于两边侧架内并压在摇枕弹簧上,与侧架连成一个整体。如图 4-3 所示,摇枕中央装有下心盘,两侧有下旁承,车体重力通过心盘传递到支承摇枕的摇枕弹簧。车体的上心盘与摇枕的下心盘之间可以自由转动,使车辆能顺利地通过曲线。

(二) 侧架

侧架是转向架中将摇枕、轴箱组成一体的两个框架,是传递分配车体重力的重要部件,侧架中部立柱之间安装摇枕,下部有安装摇枕弹簧的弹簧承台,侧架两端压在轴箱上,如图 4-4 所示。

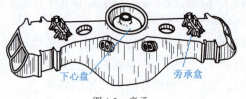

图 4-3 旁承

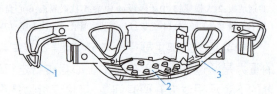

图 4-4 侧架
1-轴箱导架;2-弹簧承台;3-立柱

(三) 弹簧减振装置

弹簧减振装置的作用是缓和并减轻车辆在运行中垂直方向的振动和冲击力,提高运行平稳性;延长车辆自身和线路的使用寿命。

货车转向架只在摇枕与侧架间装设弹簧,客车转向架不但在摇枕与构架间装设弹簧和减振器,而且在轴箱与构架间也装设了弹簧,如图 4-2、图 4-5 所示。显然,客车转向架的受力性能优于货车转向架。这样也符合对货车自重轻、载重大,对客车高速、平稳的基本要求。

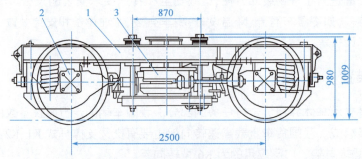

图 4-5 CW-2C 型转向架示意图(尺寸单位:mm)
1-构架;2-轮对轴箱弹簧装置;3-摇枕弹簧装置

(四)高度调整阀和差压阀

高度调整阀和差压阀是空气弹簧悬挂系统中的重要部件,高度调整阀与差压阀的状态好坏,直接影响到空气弹簧是否正常工作,所以也影响到空气制动系统的正常作用。

1. 高度调整阀

高度调整阀主要作用是维持车体在不同荷载下都能与钢轨轨面保持一定的高度。当车辆荷载发生变化时,高度调整阀可以根据车辆荷载的增减情况,自动增减空气弹簧中空气量,从而使空气弹簧的高度保持最佳状态,保证前后车辆之间的可靠连挂。

2. 差压阀

差压阀结构的主要用途是保证一个转向架两侧空气弹簧的内部空气压力之差不能超过保证行车安全规定的某一定值的装置。左右两个空气弹簧内压之差超过定值时,差压阀自动沟通左右空气弹簧,使压差维持在规定值范围之内,确保车辆运行安全。

(五)轴箱油润装置

轴箱的作用是把车辆的上部重力传给轮对的轴颈,并使轴颈或轴承在运行中不断得到润滑油,以减少摩擦阻力,防止热轴事故。

铁路车辆上有两种类型的轴箱装置,即滚动轴承轴箱和滑动轴承轴箱。现在大量采用滚动轴承轴箱。滑动轴承因燃轴事故多,维修量大,阻力大,故采用越来越少。

滚动轴承轴箱主要由轴箱、向心滚子轴承(内圈、外圈、滚子及保持架)等组成,目前货车多采用无轴箱滚动轴承,因为它两端都带有密封装置,故可以不用轴箱,简化了结构。滚动轴承用润滑脂进行密封润滑。

(六)轮对

轮对是两轮一轴组合的总称,是车辆高速、安全运行的重要部件如图4-6所示。

我国客车车轮的标准直径为915mm,货车为840mm。车辆车轮均采用辗钢和铸钢整体车轮。车轮压装在车轴轮座上,不得松动。车轮与钢轨面的接触面叫踏面,为了使车轮在直线线路上居中运行和顺利通过曲线,踏面上设有1:20的斜度。车轮踏面内侧突起的部分称作轮缘,可防止脱轨并起导向作用。车轴两端安装轴箱的部分称作轴颈。

图4-6 轮对

四 车钩缓冲装置

车钩缓冲装置由车钩、缓冲器、钩尾框、从板等零部件组成。图4-7所示为车钩缓冲装置的一般结构形式。在钩尾框内依次装有前从板、缓冲器和后从板(有时不需后从板),借助钩尾销把车钩和钩尾框连成一个整体,从而使车辆具有连挂、牵引和缓冲三种功能。

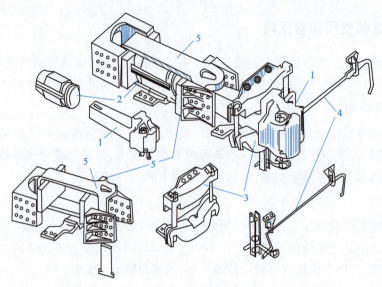

图 4-7 车钩缓冲装置

1-车钩；2-缓冲器；3-车钩复原装置；4-解钩装置；5-钩尾框及从板

(一) 车钩

车钩分为钩头、钩身、钩尾 3 个部分。钩尾用钩尾销连接钩尾框。钩头部分装有钩舌、钩舌销、钩锁铁、钩舌推铁、钩提销等配件。通过这些配件的相互作用,使车钩具有锁闭、开锁、全开 3 个作用位置,以完成车辆连挂、分离的作用,如图 4-8 所示。

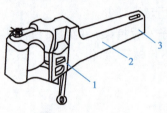

图 4-8 车钩外形

1-钩头；2-钩身；3-钩尾

1. 锁闭位置

锁闭位置是两车钩互相连挂在一起时的位置。此时钩舌的尾部被落下的钩锁铁挡住,钩舌不能绕钩舌销向外转动。

2. 开锁位置

开锁位置是车辆准备相互分离的位置。此时钩锁铁被提起,尾部支承在钩舌推铁上,只要有一个车钩处在开锁位置,拉动车辆,这个车钩的钩舌就能绕钩舌销向外转动,使车辆分离。

3. 全开位置

全开位置是准备车辆间连挂的位置。此时钩舌已全部向外张开,要连挂的两车钩只要其中一个在全开位置,与另一车钩碰撞后,钩舌即被推入,钩锁铁落下形成锁闭位置。

(二) 缓冲器

缓冲器的作用是缓和并消减车辆连挂及列车运行时车辆之间的冲击力,提高列车运行的平稳性。

缓冲器有多种类型,如二号、三号缓冲器、橡胶缓冲器等。图 4-9 所示是我国货车上采用的环簧式缓冲器。它由很多内、外环弹簧以 15°锥面相配合。由于车钩受拉或受压时,缓冲器均受压,此时外环胀大,内环缩小而储存大部分冲击能量,内外环弹簧间的摩擦也吸收部分冲击能量变为热能而消散,外力消失内外环弹簧靠变形力自行复原。

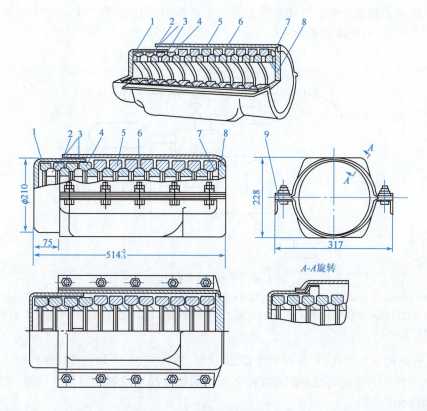

图 4-9 二号缓冲器(尺寸单位:mm)
1-盒盖;2-弹簧盒;3-开口内环弹簧;4-小外弹簧;5-大外环弹簧;6-内环弹簧;7-半环弹簧;8-底板;9-角铁、螺栓

五、制动装置

车辆上能够产生制动力实现制动作用的装置称为车辆制动装置。列车上各车辆制动装置与机车制动装置能根据需要使列车减速或迅速停车,确保行车安全。同时制动装置是列车安全正点运行的重要保证,也是高速、重载列车开行的先决条件。

我国车辆上的制动装置一般由空气制动机或快速列车配装电空制动机、基础制动装置及手制动机 3 个部分组成。

(一)空气制动机

空气制动机又称作自动制动机,是利用压缩空气产生并控制制动力的设备。车辆空气制动机所需压缩空气是由机车总风缸供给的。列车中每个车辆的制动、缓解作用,由机车司机操纵制动阀来实现。

1. 空气制动机的组成

每一车辆的空气制动机主要包括制动风管、分配阀或控制阀、副风缸、制动缸、折角塞门、截断塞门等,如图 4-10 所示。

(1)制动风管:它包括制动主管、制动支管和制动软管。制动主管是贯穿全车的钢管,位于车底架下,两端装有折角塞门,塞门上装制动软管,软管的另一端装有联结器。如果全列车的制动软管都连接起来,并打开折角塞门,机车和每一车辆的制动主管就会贯通。制动支管用

T形接头连接于制动主管。制动支管上装有截断塞门,当该车空气制动机不能使用或装有特殊货物时关闭,这样的车辆称为关门车。

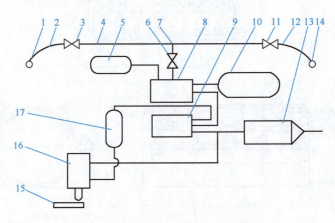

图4-10 120型空气制动机组成简图

1-制动软管连接器;2-制动软管;3-折角塞门;4-制动管;5-加速缓解风缸;6-截断塞门和远心集尘器组合装置;7-制动支管;8-120型控制阀;9-调整阀;10-副风缸;11-折角塞门;12-制动软管;13-制动缸;14-制动软管连接器;15-挡铁;16-传感器;17-降压气室

(2)分配阀或控制阀:它与制动支管、副风缸、制动缸、压力风缸或加速缓解风缸联通。制动主管的空气压力变化能使分配阀或控制阀内的部件移动控制压缩空气通路,使车辆产生制动或缓解作用。

(3)副风缸:它是车辆上储存压缩空气的容器。在分配阀或控制阀控制下,缓解时能从制动主管补充压缩空气;制动时则向制动缸供给压缩空气。由人拉动副风缸上的缓解阀,排出压缩空气,能使车辆缓解。

(4)制动缸:它由缸体、活塞、活塞杆及缓解弹簧等组成。在分配阀或控制阀控制下,压缩空气进入制动缸推动活塞带动基础制动装置,使闸瓦或闸片压紧车轮踏面或制动盘,从而产生制动作用;当分配阀或控制阀排出制动缸内压缩空气,制动缸在缓解弹簧的作用下,恢复缓解位,基础制动装置在制动梁和闸瓦托吊(盘型制动的夹钳结构)的自重作用下,使闸瓦离开车轮而实现缓解作用。

空气制动机除以上主要部件外,还有装于制动支管上的远心集尘器,安装在每辆客车和特种车车内的紧急制动阀和压力表。

2. 空气制动机基本作用原理

(1)增压缓解作用

空气制动机的增压缓解作用如图4-11所示。当司机将制动阀手把放在缓解位时,总风缸的压缩空气经制动阀进入制动主管,再经制动支管进入分配阀或控制阀主活塞左侧,推动主活塞连同滑阀向右移动,此时打开了充气沟,使压缩空气经充气沟进入副风缸,直至副风缸与制动主管的空气压力相等为止。在主活塞连同滑阀右移的同时,滑阀联通了制动缸与大气的通路,使制动缸内的压缩空气排向大气,于是制动缸活塞在缓解弹簧的作用下左移,带动基础制动装置使闸瓦离开车轮而缓解。

(2)减压制动作用

空气制动机的减压制动作用如图4-12所示。当司机将制动阀手把移放到制动位时,制动阀遮断了总风缸与制动主管的通路,使制动主管的压缩空气经制动阀向大气排出一部分,这时分配阀或控制阀主活塞右侧副风缸的空气压力显然大于左侧制动主管的空气压力,使主活塞连同滑阀向左移动。一方面主活塞截断了充气沟通路,使副风缸的压缩空气不能回流;另一方面滑阀左移则关闭了制动缸与大气通路,联通了副风缸与制动缸通路,使副风缸里的压缩空气进入制动缸,推动制动缸活塞右移,带动基础制动装置,使闸瓦紧压车轮而产生制动作用。

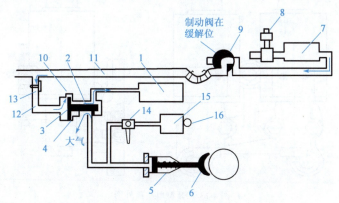

图 4-11 空气缓解位基本作用原理

1-副风缸;2-滑阀;3-主活塞;4-三通阀;5-制动缸;6-闸瓦;7-总风缸;8-空气压缩机;9-制动阀;10-充气沟;11-制动主管;12-制动支管;13-截断塞门;14-空重车调整塞门;15-降压风缸;16-安全阀

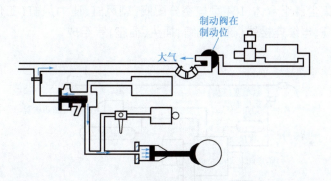

图 4-12 制动位基本作用原理

我国车辆空气制动机均属于自动制动机,其特点如下。

一是,"充气缓解、减压制动",即当列车自行分离(脱钩)后,列车前、后两部分均能自动地产生制动作用而停车,避免事故扩大;在意外情况下,旅客列车的乘务员可拉动自动制动机的紧急制动阀或货物列车的司机通过无线操纵列车尾部装置,使制动主管迅速减压而紧急停车。

二是,在制动过程中,是用预先储存在每个车辆的副风缸中的压缩空气产生制动力,这样不但制动作用较快,并且列车前后冲动较小。

(二) 电空制动机

我国目前使用在快速旅客列车上的电空制动机为 F8 型电空制动机和 104 型电空制动机。

F8 型电空制动机的作用性能比空气制动机有明显的改进和提高,特别是在减少列车冲动和缩短制动距离方面效果显著。F8 型电空制动机除 F8 型空气制动系统外,还增设了电空阀箱和截断塞门。电空箱用 4 个 M16 安装螺栓吊装在车下,箱背面有一个穿电线的口,以便连接车下的电空制动电路。电线穿入后须包扎好以防止受潮。电空阀箱内有 RS 电空阀、紧急电空阀、过渡板及连接电路。电线引入线必须牢固地固定在接线排柱上。F8 型电空阀外形如图 4-13 所示。

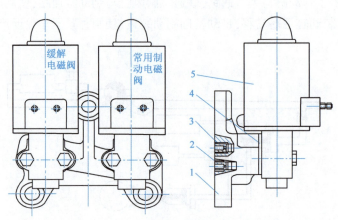

图 4-13　F8 型电空阀外形

1-RS 电空阀体；2-常用制动限制堵；3-缓解限制堵；4-胶垫；5-电磁阀

104 型电空制动机是在 104 型客车制动机的基础上增设电磁阀安装座（包括 3 个电磁阀），一个 40L 的缓解风缸和车端导线连接装置等组成，如图 4-14 所示。主要由制动管、制动支管、截断塞门及集尘器组合体、104 型电空分配阀、副风缸、压力风缸（工作风缸）、制动缸和缓解风缸、五芯电缆、电缆连接器（连接电缆、插头、插座）等组成。

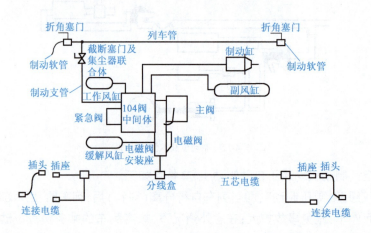

图 4-14　104 型电空制动机组成示意图

电空制动机是以压力空气作为原动力，利用电控系统电信号通过电磁阀来操纵的制动机。机车上有电空制动系统设备，每一辆车的空气制动装置配套有电控电磁阀箱。机车上的司乘人员分别操纵电空制动系统设备的制动或缓解等作用的按钮，电信号同时控制每一辆车电控电磁阀箱的相应的电磁阀动作，实现其制动装置产生相应的作用。为防止电控系统发生故障而使列车失去制动控制，现今的电空制动机仍保留着压力空气操纵装置，以备在电控系统发生故障时，能自动地转为压力空气操纵。这种制动机的主要优点是，全列车能迅速产生制动和缓解作用，列车前后部制动机动作一致性较好，列车纵向冲动小，制动距离短，适用于高速、重载列车。

(三) 基础制动装置

基础制动装置是指从制动缸活塞推杆到闸瓦之间所使用的一系列杠杆、拉杆、制动梁、吊杆等各种零部件所组成的机械装置。它的用途是把作用在制动缸活塞上的压力空气推力增大适当倍数以后,平均地传递给各块闸瓦或闸片,使其转变为压紧车轮踏面或制动盘的机械力,阻止车轮转动而产生制动作用。

基础制动装置的形式按设置在每个车轮上的闸瓦块数及其作用方式可分为单闸瓦式、双闸瓦式、多闸瓦式和盘形制动等。其中多闸瓦式应用较少。

1. 单闸瓦式

单闸瓦式基础制动装置简称单闸瓦式,也称为单侧制动,即只在车轮一侧设有一块闸瓦的制动方式,如图 4-15 所示。我国目前绝大多数货车都采用这种形式。

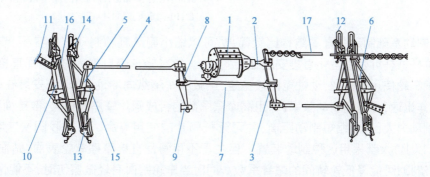

图 4-15　单侧闸瓦式基础制动装置示意图
1-制动缸;2-制动缸活塞推杆;3-制动缸前杠杆;4-上拉杆;5-制动杠杆;6-下拉杆;7-连接拉杆;8-制动缸后杠杆;9-制动缸后杠杆托;10-固定杠杆;11-固定杠杆支点;12-闸瓦吊;13-闸瓦托;14-闸瓦;15-制动梁支柱;16-制动梁;17-手制动拉杆

单闸瓦式基础制动装置的构造简单,节约材料,便于检查和修理。但制动时,车轮只受一侧的闸瓦压力作用,使轴瓦受力偏斜,易形成轴瓦偏磨,引起热量过大而出现热轴现象。此外,闸瓦磨耗快,制动力较小。

2. 双闸瓦式

双闸瓦式基础制动装置简称双闸瓦式,也称为双侧制动,即在车轮两侧各设一块闸瓦的制动方式,如图 4-16 所示。目前一般客车和特种货车的基础制动装置大多采用这种类型。

双侧制动装置在车轮的两侧都安装有闸瓦,减少闸瓦的磨耗量并可得到较大的制动力(指同一尺寸的制动缸与同一闸瓦压力的情况下),从而延长车轮的使用寿命。同时,由于每轴的车轮两侧都有闸瓦,制动时两侧的闸瓦同时压紧车轮,可以克服单闸瓦式车轮一侧受力而引起的各种弊病。但其结构比较复杂,一般侧架式货车转向架不宜安装双闸瓦式基础制动装置。

3. 盘形制动

盘形制动装置是指制动时用闸片压紧制动盘而产生制动作用的制动方式。盘形制动的基础制动装置有两种类型:制动盘安装在车轴上的称作轴盘式,制动盘安装在车轮上的称作轮盘式。盘形制动基础制动装置的基本结构如图 4-17 所示。

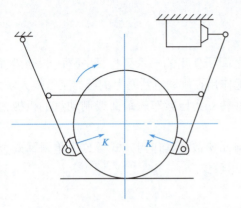

图 4-16 双侧闸瓦式基础制动装置示意图

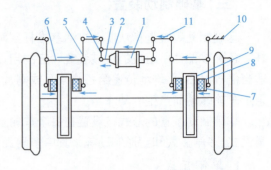

图 4-17 盘形制动(轴盘式)基础制动装置示意图
1-制动缸;2-连接拉杆;3-制动缸活塞杆;4-制动缸杠杆;
5-钳形杠杆;6-钳形杠杆拉杆;7-闸片;8-闸片托;9-制动
盘;10-固定支点;11-拉杆

盘形制动基础制动装置的结构比较简单,可以缩小副风缸和制动缸的容积,节省压力空气;各种拉杆杠杆可以小型化直接安装在转向架上,能减轻车辆自重;不用闸瓦直接磨耗车轮踏面,延长车轮使用寿命;制动性能比较稳定,可减少车辆纵向冲动;制动缸安装在转向架上,制动时动作迅速,可提高制动效率;采用高摩擦系数的合成闸片摩擦面积大,散热面积大,制动效率高,制动力大,有效缩短制动距离,并可延长闸片的使用寿命。目前我国快速客车(时速在 120km 以上)大都采用这种制动装置。但由于不用闸瓦直接摩擦车轮表面,踏面上的油污不能及时清扫,可能降低轮轨间的黏着系数。同时当车轮踏面有轻微擦伤时,不能像闸瓦式制动装置那样利用闸瓦的摩擦来消除这种擦伤。为克服这些缺点,尚需增设踏面清扫装置。

(四) 人力制动机

人力制动机通常称为手制动机。它是以力进行制动的装置。它可使单个车辆或车组减速或停车,也可以在空气制动机万一失效时使用。

在调车作业时使用手制动机调整车速或停车,保证工作安全;当列车或车辆停放在有坡度的线路上时,用人力制动机制动,防止列车或车辆溜走;在车站和专用线上施行人力制动作用,可防止车辆意外移动。

(五) 车辆制动装置配套使用的其他新技术

1. 空重车调整装置

(1) 货车空重车调整装置

KZW-4G 系列空重车自动调整装置和 TGW-1 型空重车自动调整装置能根据车辆载重情况自动调整制动缸压力。自动调整既可以节省人力,又能得到及时而准确的调整,防止漏调、错调等情况发生。

空重车自动调整装置是根据车辆载重变化的枕簧(轴箱弹簧)高度变化作为控制信号,控制设在空气制动机与制动缸之间的一个中继阀,再由中继阀来控制制动缸空气压力的大小,从而使车辆在不同载质量的状况下获得相应的制动力。

KZW-4G 系列空重车自动调整装置制动系统如图 4-18 所示。TWG-1 型空重车自动调整装置制动系统如图 4-19 所示。

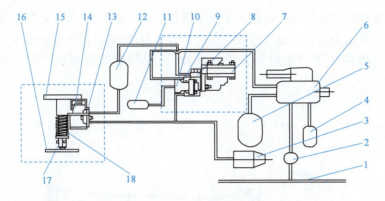

图 4-18　KZW-4G 系列空重车自动调整装置制动系统

1-列车管;2-集尘器与截断塞门组合体;3-制动缸;4-加速缓解风缸;5-副风缸;6-120 阀;7-调整阀;8-阀管座;9-支管三通;10-压力开关;11-6L 容积风缸;12-17L 降压气室;13-支架;14-传感阀;15-抑制盘组成;16-横跨梁;17-触头;18-复位弹簧

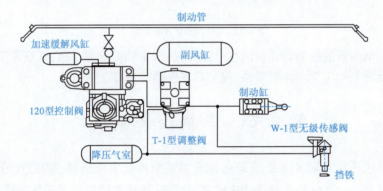

图 4-19　TWG-1 型空重车自动调整装置制动系统

(2) 客车空重车调整装置

双层空调客车的载客数量大,空车和重车时的质量相差悬殊,为了保证空车和重车时车辆的制功率相近,设立空重车自动调整装置,制动时根据车辆的质量(载客量)的不同自动调整制动力。我国自 20 世纪 90 年代起,在双层客车上先后装车使用了进口和国产的不同形式的空重车自动调整阀,2004 年,铁科院研制的用于铁路双层客车、行李车以及邮政车的 CE-2、CE-3 型空重车自动调整阀,可无条件代替日本进口的 U_5A 型阀。

2. 电子防滑器

制动防滑器是高速列车制动系统中的重要组成部分,微处理器控制的制动防滑器是当今国际最先进的防滑器。它主要用于盘形制动或其他单元制动机的四轴客车制动系统中,也可用于机车制动机作为防空转和防滑装置。

目前我国铁路客车上使用的制动防滑器的型号有 SWKP AS20C 型、MGS 型和 TFX1 型等,作用原理基本相似。

制动防滑器的主要功能:

(1) 制动时能有效地防止车辆轮对因滑行而造成的踏面擦伤。

(2) 制动时能根据轮轨间黏着的变化调节制动缸压力,实现调节制动力,充分利用轮轨间的黏着,得到较短的制动距离。

3. 货车脱轨自动制动装置

货车脱轨自动制动装置为了有效地降低车辆脱轨后的损失,该装置采用机械作用方式,在车辆脱轨时能及时使主风管联通大气使列车产生紧急制动,从而避免脱轨事故的扩大。

脱轨制动装置由铁道货车脱轨自动制动阀、球阀和管路等组成。脱轨自动装置配置见图 4-20。

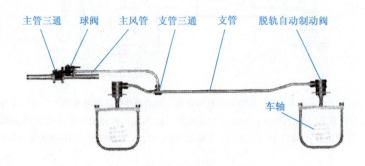

图 4-20 脱轨制动装置配置图

脱轨自动制动阀是脱轨制动装置的核心部件,每根车轴处安装一套,其在车辆脱轨时通过制动阀杆被打断将制动主管与大气联通,使列车发生紧急制动。

第三节 车辆检修制度

铁路车辆经过一定时间运用后,车辆各部分的零配件会发生磨耗、裂纹、折损、变形、松弛及腐蚀等不良状态。为了保持车辆运用中的完好状态,国铁集团制订了车辆检修制度。

目前我国铁路车辆的检修是坚持计划预防为主,状态修为辅的制度,即在计划预防修的前提下,逐步扩大实施状态修、换件修和主要零部件的专业化集中修。计划预防性检修制度分为定期检修和日常维修两大类。

一、定期检修

定期检修是车辆每运用一定时间(或里程)对车辆的全部和部分零件进行一定程度的检修。在车辆尚未发生故障之前就对车辆进行修理,消除车辆零部件的缺陷和隐患,预防故障的发生。由于检修是定期的,全年的任务量可以计算出来,可提前准备车辆检修需要的材料、零件、检修设备及人力。

(一) 定期检修的修程

1. 货车定期检修的修程

我国货车现采用的定期检修的修程分为厂修、段修、辅修和滑动轴承轴检四级修程,各修程周期规定见表 4-2。

2. 普通客车定期检修的修程

我国客车的定期检修修程分为厂修、段修和辅修三级修程,各修程周期的规定见表 4-3。

货车定期检修周期表 表 4-2

车种、车型		厂修	段修	辅修
棚车	P60、P13、P61 等型普通碳钢车	5 年	1 年	6 个月
	P65、P65S 型行包快运车	6 年	1 年	
	P62	6 年	1.5 年	
	其他型耐候钢棚车	9 年	1.5 年	
敞车	C16、C16A、C62A(车号为 44 字头开始)	5 年	1 年	
	C61Y、C63、C63A、CF、C5D	6 年	1 年	
	C62A(车号为 45 字头开始)	6 年	1.5 年	
	C61、C76A、C76B、C76C	8 年	1 年	
	其他型耐候钢敞车	9 年	1.5 年	
罐车	酸碱类罐车、液化石油气罐车、液氯罐车等	4 年	1 年	
	其他型罐车	5 年	1 年	
矿石车	K18、K13、C18F、KF60 等型普碳钢车	5 年	1 年	
	其他型耐候钢车	8 年	1 年	
水泥车	U15、U60、U60W	5 年	1 年	
	U61W、U61WZ	9 年	1.5 年	
冰冷车	普碳钢车	4 年	1 年	
	耐候钢车	6 年	1 年	
平车(含 NX 系列)、家畜车、粮食车、守车、长钢轨车、60t 的凹型车		5 年	1 年	
毒品车		10 年	1 年	
集装箱平车		6 年	1.5 年	
1996 年以后生产的 D22C、D12、D22、D70、D10(经轴承改造)		9 年	3 年	
厂修、段修周期原分别为 9 年、1.5 年的不常用专用车		10 年	2 年	
其他型不常用专用车、载重 90t 以上的车辆		8 年	2 年	

客车定期检修周期表 表 4-3

序号	车种	检修周期		
		厂修	段修	辅修
1	25A、25AG、25B 双层客车各型	7.5 年	1.5 年	6 个月
2	国际联运	4 年	1 年	
3	22、23 型各型车	6 年	1.5 年	
4	21 型(餐车除外)	8 年	2 年	
5	代用客车	8 年	2 年	
6	部属客车	10 年	2.5 年	
7	公务车、试验车、维修车、卫生车、文教车、发电车、特种车等不常用车			

(二)定期检修的主要任务

1. 厂修

厂修一般在车辆工厂施行。按规定应对车辆的各部装置进行全面的分解检查、彻底修理,并进行必要的技术改造工作。经过厂修,车辆各部装置得到全面恢复,使之与新造车基本上接近。修竣后涂打厂修标记。

2. 段修

段修在车辆段施行。段修的主要任务是分解检查车辆的转向架、车钩缓冲装置及制动装置等部件,检查并修理车辆(包括车体及其附属装置)的故障,保证各装置作用良好,防止行车事故发生,以提高车辆的使用效率,修竣后涂打段修标记。

3. 辅修

辅修主要是对制动装置和轴箱油润部分施行检修,并对其他部分做辅助性修理。货车辅修是在修车库或专用修车线(站修线)施行,客车辅修应利用库停时间不摘车修理,但无风管路及不入库的列车可摘车施修。修竣后涂打辅修标记。

4. 轴承轴检

货车滑动轴承轴检的主要目的是保持轴箱油润的良好状态,防止车辆燃轴。

二、日常维修

日常维修又称运用维修(日常保养),其基本任务是保证在运用中的车辆具有良好的技术状态,及时发现和处理车辆中发生的一切故障,保证行车安全。

1. 货车的日常维修

货车的日常维修在铁路沿线的列车检修所(以下简称列检所)进行,列检所一般设在货车编组站、区段站、尽头站、国境站和厂矿交接站等处。列检所对到达、始发和中转的货物列车中的车辆进行技术检查和不摘车修理,还要负责扣修定检到期的车辆。如遇到需要摘车修的车辆,就要送到站修所修理。

2. 客车的日常维修

客车日常维修的主要基地是库列检,要充分运用客车在库内停留的时间,认真检查,彻底修理,消除故障,维护质量,以保证列车往返运行区间不因车辆故障发生晚点和事故。

在旅客列车途经的旅客列车检修所(以下简称客列检)对客车进行重点检查修理,消除危及行车安全的故障,保证旅客列车的运行安全。在旅客列车上还实行固定人员、固定车组的包乘负责制度,随时随地检修车辆,消除故障。

第四节 车辆检测系统

一、红外线轴温探测系统

20 世纪 80 年代以来,随着计算机技术及网络技术的广泛使用,在第一代红外线轴温探测器的基础上,研制出了第二代红外线轴温探测系统。此系统具有网络布点、组网跟踪、区间无人探测的特点,并首先在大秦线上使用,随后在全国铁路各主干线及新建线路上得到全面推广。红外轴温探测技术应用于铁路车辆部门以来,对保证行车安全起到重要的作用,有效减少了车辆热切事故的发生。

目前,国内已开始生产第二代红外轴温探测系统,其中 HTK-391 经铁道部鉴定定型为推广产品,现以 HTK-391 增强型轴温探测系统为例进行介绍。

1. HTK-391 增强型轴温探测系统构成

依据我国铁路运输的特点,红外线轴温探测系统采用多级分层管理结构。由于我国铁路运输指挥的基本构成单位为铁路局集团公司,即铁路局集团公司是铁路行车指挥的实体,因此,红外线轴温探测系统也以铁路局为基本单元,信息的传输、处理、命令的下达、数据的调阅、存储都应以铁路局集团公司为中心。红外线轴温探测系统构成的基本单元为探测站、复示中心、铁路局集团公司监测中心、原铁道部查询终端。红外线轴温探测系统由四层基本结构构成,如图 4-21 所示。

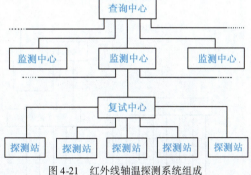

图 4-21 红外线轴温探测系统组成

第一层为探测站,负责数据的采集、处理和传输。

第二层为复示中心,它们同下面与之相连的探测站构成一个小系统,一旦通信中断,可以独立进行工作,不会影响轴温监测工作。

第三层为铁路局集团公司监测中心,负责接收、整理、存储和管理由探测站或复示中心传输来的数据,同时对整个系统工作状态进行监测、指挥和控制。这一层也是一个管理层次,负责监控功能,它可以随时了解铁路局集团公司管内各监测中心和探测站的状态,随时调阅有关的数据。

第四层为原铁道部查询中心,这是个高级管理层次,可以实时监控全路红外线轴温探测工作。

2. HTK-391 增强型轴温探测系统的工作过程

HTK-391 增强型红外线轴温探测系统热轴预报的全过程:当列车通过区间探测站时,探测站计算机立刻处理通过列车被检测到的轴温数据,并将检测和处理后的结果通过网络传送至监测中心(或复示中心),监测中心(或复示中心)的红外线值班员接到热轴报警后,首先使用列调复示终端,将热轴信息传至相应的列车调度台进行预报,列车调度员必须根据复示终端的报警显示按键进行确认。同时,红外值班员再使用直通录音电话用标准化用语将热轴预报内容通知列车调度员,由列车调度员确定车次,及时安排停车、甩车。然后红外值班员必须填写"红外线热轴甩车通知卡",并将热轴甩车卡送达列车调度员,双方签字确认。红外值班员还应及时将热轴预报的情况通知车辆调度,以便车辆调度安排有关车辆段派人处理热轴车辆。当列车通过探测站时没发现热轴,监测中心及复示中心均打印列车探测信息。整个热轴预报准确实时,从而保证铁路行车安全。

 车辆动态检测系统

HGJ-1 型货车运行故障动态检测系统对运行的列车以一定的速度进行图像采集,通过计算机进行分析与处理、计算列车运行速度、判断列车车种车型，并与标准库中的标准样图进行拟合，取出系统所需要的车辆关键部位图像进行存储，以一车一挡的方式在窗口计算机中显示，并能按要求打印、传输。通过人机结合的方式判别车辆转向架、制动装置、车钩缓冲装置等部件及其零配件有无缺损、断裂、丢失等故障，从而达到动态检测车辆质量的目的，同时能形成车统-15、车统-81 等列检所主要台账。

本系统由检测数据采集站、数据处理中转站、检测分析中心 3 个工作站组成，如图 4-22 所示。其中，包含有测速装置、图像采集系统、光源补偿装置、前置处理器、端口处理器、网络服务器、窗口计算机等硬件设施。

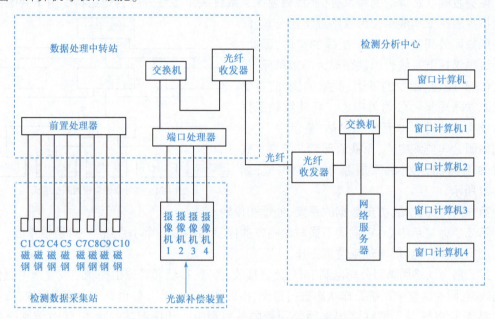

图 4-22　HGJ-1 型货车运行故障动态检测系统组成框图

三、"5T"检测系统

"5T"检测系统是指红外线轴温探测系统（THDS）、货车运行故障动态检测系统（TFDS）、货车滚动轴承早期故障轨边声学诊断系统（TADS）、货车运行状态地面安全检测系统（TPDS）和车辆轮对故障、尺寸动态检测系统（TWDS）[铁路客车运行安全监控系统（TCDS）]。利用计算机、数字摄像、声学、光学等先进的技术设备，使检车员从传统的室外体力检车工作，转为室内观察检测系统的计算机显示车辆各部位技术状态。不仅解放了车辆检车员体力劳动，更主要的是列车停车，一切检测结果都能出来，大幅提高检车效率，并且无人为因素干扰，准确率高。

随着"5T"检测系统的大面积推广使用，每 500km 左右只要一个大型的车辆检修基地，每 250km 左右只要一个"5T"车辆运行安全监控站，从减少检车人员、提高检测准确率、缩短检测时间等方面来看，均是大大有利于缩短周转时间、提高铁路运输能力，进而提高铁路运输经济效益。

复习思考题

1. 铁路车辆按用途分为哪几类？常用车种有哪些？

2. 铁路车辆的标记一般分为哪几种？车号由哪几部分组成？举例说明车号各部分含义。
3. 车辆自重、载重、容积、全长、换长、轴重、固定轴距的含义分别是什么？
4. 铁路车辆一般由哪几部分组成？
5. 货车车底架一般由哪些组成？
6. 车辆走行装置的基本作用是什么？
7. 车钩缓冲装置的作用是什么？车钩的3种作用位置是什么？
8. 车辆制动装置的作用是什么？何为自动制动机？
9. 制动机的基本作用原理是什么？
10. 电空制动机有何特点？目前我国车辆电空制动机主要有哪几种？
11. 基础制动装置的作用是什么？盘型制动有何优点？
12. ST1-600型和ST2-250型双向闸调器的作用是什么？
13. 空重车自动调整装置的作用是什么？目前货车主要有哪些形式？
14. 制动防滑器的主要功能是什么？
15. 货车脱轨自动制动装置的作用特点是什么？
16. 车辆定期检修一般分哪些修程？
17. 红外线轴温探测系统由哪些基本单元构成？
18. "5T"系统的组成和基本作用是什么？

第五章

铁路机车

第一节 概 述

机车是铁路运输的牵引动力。

由于铁路车辆大都不具备动力装置,需要把客车或货车连挂成车列,由机车牵引在轨道上运行。在车站上,车辆的转线以及货物取送车辆等各项作业,也都要由机车完成。

由于机车的工作条件复杂,运用环境恶劣,为满足牵引要求,铁路必须保证供给可靠性高、牵引性能良好、数量足够的机车,同时还应加强对机车的维护与维修,正确组织机车的合理运用。

一、机车分类

铁路运用的机车有很多类型,它有不同的分类。

1. 按所用动力分

机车按所用动力分为蒸汽机车、内燃机车和电力机车3大类。

蒸汽机车是用燃料把水加热成压力蒸汽,推动蒸汽机,把燃料的热能转变为机械能,使机车动轮产生牵引力的机车。蒸汽机车已有180多年的历史,在我国铁路运输中曾发挥过重要的作用。由于其热效率低,机车功率已很难提高、污染大、乘务员劳动条件差等缺点,蒸汽机车已不能适应现代铁路高速和重载的要求,在我国已基本停止使用。

内燃机车是由柴油机通过传动装置驱动的机车,为自带能源式机车,如图5-1所示。

电力机车是一种非自给式机车。它是由车顶上装的受电弓从外界获得电能,由电动机通过传动装置驱动的机车,如图5-2所示。

图5-1 内燃机车

图5-2 电力机车

2. 按机车用途分

机车按用途分为货运机车、客运机车、调车机车、客货通用机车、工矿机车5类。

传统的中国铁路以货运为主,运输速度较低,因此机型多以客货两用机车为主。随着市场经济和社会发展的需要,尤其铁路实施和谐发展战略后,客运高速、货运重载已成为我国铁路的发展方向,机车制造也因需而变,客货分型,也就有了高速客运机车和重载货运机车之分,如 SS4、DF4 型为货运机车,DF11、SS8 型为客运机车,DF7、BJ 型为调车机车。

二 机车牵引特性

机车的最大功率称作额定功率,为了"多拉快跑",希望机车在运行时,不论阻力如何变化,都能发挥机车的额定功率。机车的牵引力 F 与速度 v 的乘积为一常数,这个常数就是额定功率 N,即

$$Fv = N$$

机车在牵引列车运行中,运行阻力是经常变化的,要求牵引力与速度按上列公式随之变化。当阻力大时,通过增大牵引力来克服阻力,而速度降低;当阻力减小时,提高机车速度,而牵引力减小。把牵引力和速度的这种成反比的变化关系表示在坐标图上,是一条双曲线,称作机车理想牵引性能曲线,见图 5-3。

对任何一种机车,都要求它的牵引性能尽量自动地接近理想牵引性能曲线,才能适合牵引列车的需要。牵引性能曲线的右端受机车最高速度的限制;左端受轮轨间黏着力的限制,牵引力过大会造成具有破坏作用的动轮空转。

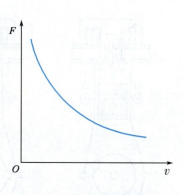

图 5-3　机车理想牵引性能曲线

第二节　内　燃　机　车

内燃机车是以内燃机作为原动力,通过传动装置驱动车轮的机车。

内燃机车的运用热效率达 30% 左右,较已淘汰的蒸汽机车高 3 倍。内燃机车功率大,维修保养量较小,适宜干线牵引,因此内燃机车的应用非常广泛。但其缺点是会对环境产生一定污染。

一 内燃机车的基本组成

尽管内燃机车的类型很多,但其主要组成和工作原理基本相同或相似。基本结构都是由柴油机、传动装置、车体走行部、车钩缓冲装置、制动装置、辅助装置和控制设备等组成。

(一) 柴油机

1. 组成

柴油机是内燃机车的动力装置。它是利用柴油燃烧所产生的热能作动力的一种机械,多为四冲程、多汽缸、配装废气涡轮增压的柴油机。柴油机由固定部件、运动部件、配气机构、进排气系统、燃油系统、冷却系统、润滑系统等组成。

2. 四冲程柴油机的工作原理

四冲程柴油机的工作原理如图 5-4 所示。柴油机的一个工作循环由进气、压缩、燃烧膨胀和排气四个工作过程组成。

图 5-4a) 为进气过程。进气门打开,燃油通过喷油器进入气缸与高温高压空气相遇,推动活塞下移。

图5-4b)为压缩过程。曲轴推动活塞上移,油气体积被压缩,温度急剧升高。

图5-4c)为燃烧膨胀过程。高温高压油气燃烧膨胀做功推动活塞下移,将油气的热能转换成机械能。

图5-4d)为排气过程。排气门打开,燃烧后的废气经排气门排出。

至此,柴油机完成进气、压缩、燃烧膨胀、排气一个工作循环。如此循环往复,不断把柴油燃烧产生的热能转变为机械能。

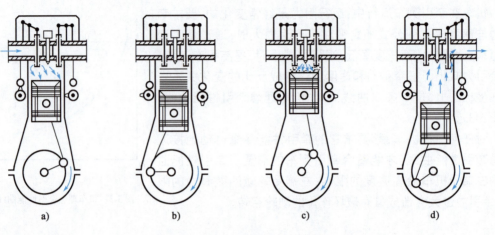

图5-4 四冲程柴油机的工作原理
a)进气过程;b)压缩过程;c)燃烧膨胀过程;d)排气过程

(二)传动装置

传动装置是柴油机曲轴与机车动轴的中间环节,作用是将机车柴油机曲轴输出的机械能进行能量变换,传递给轮对,驱动机车运行,并使机车具有理想的牵引特性。

内燃机车传动方式主要包括电力传动和液力传动。

1. 电力传动装置

它是由柴油机带动一台发电机发电,把柴油机的机械能转变成电能,再将电能供给牵引电动机使其转动,经齿轮传递给机车轮对使机车运行的装置。电力传动又分为直—直流电力传动、交—直流电力传动、交—直—交流电力传动和交—交电力传动。目前采用较多的是交—直流电力传动、交—直—交流电力传动。

(1)交—直流电力传动装置

交—直流电力传动装置是由柴油机带动一台三相发电机发电,把柴油机的机械能转变成电能,再将发出的三相交流电,经过硅二极管组成的整流电路整流变成直流电,供给几台并联的牵引电动机,使其转动将电能变为机械能,经电动机齿轮与车轴齿轮的啮合使轮对转动,从而使机车运行。其传动装置如图5-5所示。

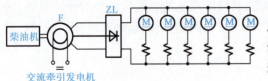

图5-5 交—直流电力传动装置示意图

(2)交—直—交流电力传动装置

交—直—交流电力传动装置是柴油机驱动交流牵引发动机,所发生的三相交流电经硅整流器整流为直流电,再经过可控硅逆变器(可设一个或数个逆变器),将直流电转变为频率可调的交流电,供给数台交流牵引电动机。这样的间接变频,使逆变器输出的三相交流电的频率与牵引发电机发出的三相交流电的频率没有任何关系。在机车起动和调速的整个工作范围内,交流牵引电动机的三相电源的频率都能平滑调节。

2. 液力传动装置

液力传动装置也是以柴油机为原动机,在柴油机与动轮之间装有一套液力传动装置,该装置主要由液力变扭器和齿轮箱组成。柴油机输出的扭矩通过这套装置传递到机车轮对,使机车产生牵引力,牵引列车运行。

液力变扭器是液力传动装置的主要部分,它由泵轮、涡轮和导向轮等组成。泵轮通过空心的泵轮轴、齿轮与柴油机曲轴相连;涡轮通过实心的涡轮轴、齿轮与机车动轴相连;导向轮则固定在变扭器体上不能转动。液力变扭器如图 5-6 所示。

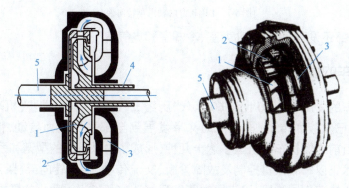

图 5-6 液力变扭器示意图
1-泵轮;2-涡轮;3-导向轮;4-泵轮轴;5-涡轮轴

液力变扭器的主要作用是变扭,它把柴油机几乎不变的扭矩转变为可变的扭矩传给机车动轮,转变成机车可变的牵引力。

当机车启动或速度低时,间接与动轮相连的变扭器的涡轮转速也低,泵轮的高速高压油流对涡轮叶片产生很大压力,使涡轮产生很大扭矩,机车牵引力就大;当机车速度提高时,轮也随之高速旋转,油流对涡轮叶片压力就小,则涡轮产生的扭矩也小,机车牵引力就小,从而实现机车接近理想牵引性能的要求。

机车惰力运行或停车时,是靠司机操纵控制手柄,将变扭器的工作油排出并切断向液力变扭器泵轮的供油进路,使泵轮与涡轮失去联系,机车失去牵引力,再配合制动装置的作用来完成的。

机车换向,是停车后司机操纵换向手柄,通过机车换向机构来完成的。

(三) 其他部分

车体是车架上部的外壳,起保护机车上的人员和机器设备不受风、沙、雨、雪的侵袭和防寒作用。

车架是机车的骨干,矩形钢结构,由中梁、侧梁、枕梁、横梁等主要部分组成,上面安装柴油机等设备,下面由两个转向架支撑并与车架相连,车架中梁前后两端的中下部装设车钩、缓冲装置。车架承受荷载最大,并传递牵引力使列车运行,因此,车架必须有足够的强度和刚度。

转向架是机车的走行装置,又称为台车,外形如图 5-7 所示。转向架的作用是承载机车上部的重力,传递牵引力,缓和和吸收来自线路的各种冲击和振动,帮助机车平衡运行和顺利通过曲线。内燃机车一般有 2 个二轴或三轴的转向架。

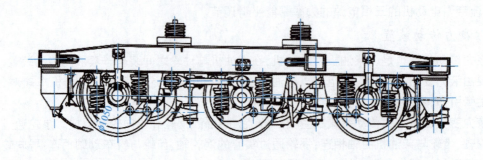

图 5-7　DF4B 型内燃机车转向架

另外,机车内部还设有司机室、动力室、冷却室和电气室。

 内燃机车的发展

我国内燃机车的发展始于 20 世纪 60 年代,历经三代,依靠科技进步,机车的技术含量不断提升,内燃机车已从液力传动、电力传动并举发展到全部采用电力传动,传动装置发展为交—直—交型。目前内燃机车的机型多达十几种,形成了内燃机车的型谱和系列化产品。

内燃机车技术正以车载微机控制及故障诊断、交流传动、径向转向架、柴油机电子燃油喷射装置为标志进入快速发展阶段,以满足铁路客运高速化和货运重载化的需求。

第三节　电力机车

 牵引供电

电气化铁道是指设有牵引供电系统,以电力机车作为列车牵引动力的铁路。电气化铁道沿线要设置完善的、不间断地向电力机车提供电能的设备,这套供电设备构成的系统称为牵引供电系统,如图 5-8 所示。

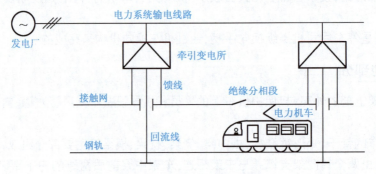

图 5-8　牵引供电系统示意图

牵引供电系统主要包括牵引变电所和接触网两部分。

发电厂发出的电流经升压变压器提高电压后,由高压输电线输送到铁路沿线的牵引变电所。在牵引变电所内将电流变换成所要求的电流或电压,再经反馈电线转送到接触网上供电力机车使用。

(一)牵引变电所

牵引变电所的任务是将高压输电线输送来的110kV(220kV)的三相交流电,变换成不低于25kV单相交流电后,再经反馈电线向它的邻近区间和所在站场线路的接触网送电,并保证可靠而不间断地供电。一般单线铁路每隔50~60km、双线铁路每隔40~50km设置一个牵引变电所。

牵引变电所内主要设备有主变压器、自备用变压器、高压断路器、隔离开关、避雷器等电气设备。为保证电气设备正常运行,确保系统安全可靠供电,牵引变电所内还装有各种控制、监视、保护、信号显示和计量装置等。

(二)接触网

接触网是电气化铁道上空架设的特殊输电线,它的功能是向行走在铁路线上的电力机车不间断地供应电能。电力机车利用顶部的受电弓与接触线滑动摩擦而获得电能。接触网组成如图5-9所示。

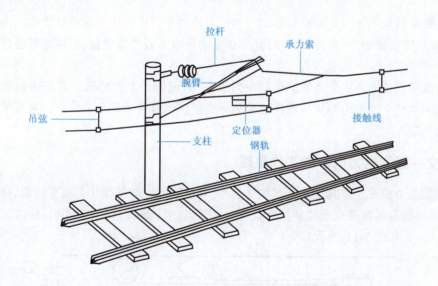

图5-9 接触网组成图

接触网与受电弓形成弓网受流系统,接触网的结构形式、参数性能直接影响弓网受流质量。因此必须保证接触网有良好的工作状态,满足电力机车在线路上安全、高速运行的要求。

(三)远动系统

牵引供电系统设有电力调度所,统一指挥供电系统在正常和事故情况下的运行工作,并集中管理铁道沿线分布的许多牵引变电所中的电力设备。为了完成变电所与调度所之间的远距离信息的适时、自动传输,需要应用远动技术进行电力调度的现代化运行与管理。

远动系统是一个监视控制和数据采集的综合系统,简称SCADA(Supervisory Control and

Data Acquisition)系统,该系统由调度端设备、执行端(被控站)设备和远动通道组成。远动系统传送信息流程如图 5-10 所示。

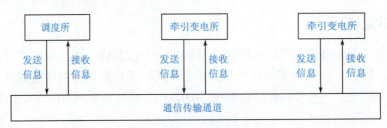

图 5-10　远动系统传送信息示意图

远动系统是利用远程通信技术完成远程控制、远程信号、远程测量、远程调节等功能。通过远动系统电力调度人员可以直接掌握变电所断路器的开闭位置状态,主要的电压电流量值,接触网故障点数据。牵引供电系统的这种集中监视、集中控制,可以保证供电质量,提高调度效率,加快事故处理,实现值班无人化或少人化,提高劳动生产率,因而在技术先进的国家被广泛采用。

 电力机车的基本组成及工作原理

电力机车是利用电能由电动机驱动运行的机车或动车。电力机车平均热效率比内燃机车高,它在提高铁路运输能力、合理利用资源、保护生态环境方面性能优越,是铁路最理想的牵引动力。

电力机车按照传动方式分为直流传动电力机车、交流传动电力机车。直流传动电力机车又分为直流供电和交流供电两种。我国主要采用交流供电直流传动电力机车。典型机型是韶山系列电力机车。

(一) 交—直型电力机车的工作原理

交—直型电力机车是靠其顶部升起的受电弓,从接触网上取得单相工频交流电,经牵引变压器降压,再经变流装置将交流电转换为直流电,供给直流(脉流)牵引电动机,经齿轮传动装置牵引列车运行,如图 5-11 所示。

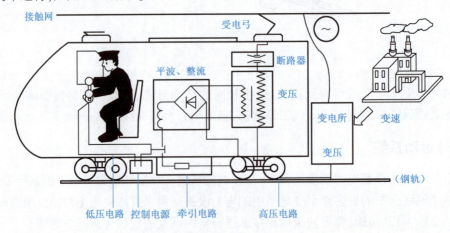

图 5-11　交—直型电力机车工作原理图

（二）电力机车基本组成

电力机车由机械部分、空气管路系统和电气部分组成。结构上分为转向架、车体、司机室、机械间、车顶电器等部分。机械间内分高压室、变压器室和辅助室。电力机车总体布置如图5-12所示。

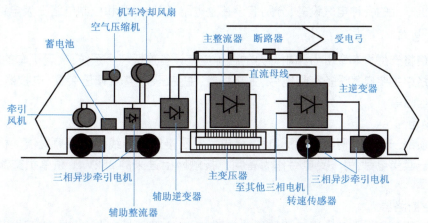

图5-12　电力机车总体布置图

1.机械部分

电力机车机械部分主要由车体、走行部、车底架、车钩缓冲装置和制动装置组成。

电力机车走行部也称为转向架。现代电力机车转向架的每个轮轴上都安装有动力装置，称为动轴。

通常用轴式来表示电力机车走行部分的特征。

（1）C_0-C_0："C"代表数字3，表示转向架有3根轮轴，角标"0"表示每根轮轴都有驱动装置，C_0-C_0表示该机车有两台完全相同的互不相连的转向架，机车有6根动轴，单独传动方式。

（2）B_0-B_0-B_0："B"代表数字2，表示该机车由3个二轴转向架组成，6根动轴，单独传动。

（3）2(B_0-B_0)：表示它是由两节机车连挂、每节机车由2个二轴转向架组成的八轴电力机车。

2.空气管路系统

电力机车空气管路系统除了供给空气制动外，受电弓、主断路器等电气设备的操作也要用压缩空气。电力机车空气管路系统按功能分为以下4个部分。

（1）风源系统。主要由空气压缩机、压力调节器、总风缸及其连接管路组成，为制动机系统及全车气动器械供给稳定而洁净的压缩空气。

（2）控制气路。主要由辅助空气压缩机、辅助风缸、控制风缸、换向阀、联锁阀及其连接路组成。它是用以供给全车气动电器的压缩空气以及用作安全保护措施。

（3）辅助气路。主要由撒砂器、风喇叭、刮雨器及其连接附件、管路等组成，用以确保机车安全运行及改善性能。

（4）制动机。主要由制动机的整套装置及其连接管路、电路等组成。制动机由司机操纵对列车实施减速、停车。

3.电气部分

电气部分包括受电弓、牵引变压器、牵引电机、整流柜机组、辅助电机及司机控制器、接触器、继电器、转换开关、电空阀等。

另外,电力机车上还装设有列车运行监控记录装置,其中客运机车还加装轴温报警装置,以保证行车安全。

(三)电力机车电气设备与电路

电力机车上的各种电气设备,分别装设在主电路、辅助电路和控制电路三大电路中。

1. 主电路

主电路将产生机车牵引力和制动力的各种电气设备连成一个系统,实现机车的功率传输。主电路中主要电气设备有受电弓、主断路器、主变压器、整流调压装置、电抗器、牵引电动机和制动电阻等。

(1)受电弓

机车顶部一般装有两套单臂受电弓,受电弓紧压接触网导线滑行摩擦受流。机车运行时只需升起一套受电弓,另一受电弓作为备用。接触网上进来的25kV工频单相交流电就由此引入机车。

(2)主断路器

主断路器是机车的总电源开关和保护开关,用来接通或断开电力机车高压电路。当主电路发生短路、接地或整流调压电路、牵引电动机等设备发生故障时,它能自动切断机车电源,实现对机车上设备的保护。

(3)主变压器

主变压器又称为牵引变压器,它把从接触网上取得的25kV高压电降低为牵引电动机所适用的电压。变压器其有4个绕组。1个原边绕组接25kV高压电;3个次边绕组,其中牵引绕组用来向牵引电动机供电,励磁绕组用在电阻制动时给电动机提供励磁电流;辅助绕组用来给机车的辅助电机供电。

2. 辅助电路

辅助电路电源来自主变压器的辅助绕组,通过劈相机将单相交流电转变成三相交流电后,供给牵引通风机、油泵机组和空气压缩机等辅助电机使用。

3. 控制电路

控制电路将主电路和辅助电路中各电气设备的控制电器(包括各种控制开关、接触器、电空阀等)同电源、照明、信号等的控制装置连成一个电系统。

以上三个电路系统在电气方面一般是相互隔离的,但三者通过电磁、电空或机械传动等方式相互联系,配合动作,低压电控制高压电,保证司机操作安全,实现机车安全运行。

(四)电力机车制动

当机车需要制动时,除使用空气制动装置外,还可以使用电阻制动。司机操纵司机控制器,使其从牵引位转到制动位,牵引电动机由电动机运行改成发电机运行,这样车轴带动电动机转轴旋转产生一个与速度成比例的阻力阻止列车运行。如果发出的电能被制动电阻变成热能耗散掉就称之为电阻制动,它因而消耗了机车惰行时的机械能。

如果将电能重新反馈回电网中去加以利用就称之为"再生制动",它将列车在运行中所具有的机械能转换成电能送回接触网。从能量利用上看,电阻制动虽然不如再生制动,但电阻制动的主电路工作可靠、稳定,技术比较简单,目前在电力机车上得到广泛使用。

(五)电力机车的微机控制

机车微机控制技术,随电力电子技术、半导体集成技术的发展和机车控制要求的提高应运而生,逐步取代以运算放大器为基础的模拟控制方式,它标志着机车控制技术水平上升到新的阶段。

在电力机车上,微机控制的主要任务是优化黏着控制,分配制动力,对牵引力和制动力进行进一步处理后送给传动级控制。微机控制目标主要是电机电枢电流和机车速度,信息处理机构是微型计算机,执行机构是晶闸管变流装置。即微机根据司机给定的手柄级位以及实际机车速度来调节晶闸管的触发角,从而使机车稳定运行在司机希望的工况。

三、电力机车的发展

我国的电气化铁路始建于1958年,1961年8月15日宝鸡—凤州段91km电气化铁路通车。

我国电力机车的研究与铁道电气化同步,经过60多年的不懈努力,牵引动力由直流传动发展到交直流传动再到交流传动,机车功率和单轴功率不断提高,整机性能不断完善,形成了4、6、8轴的韶山型和HXD型系列电力机车型谱。

交流传动自1971年在原联邦德国问世,到20世纪90年代,国外交流传动的发展已经进入成熟期,占据电力机车主导地位,尤其是在铁路高速和重载牵引方面显示了很大的优越性。我国交流传动电力机车的研制和生产也取得了重大进展,1996年成功试制出交—直—交原型车AC4000型电力机车。到2005年,已经有我国自主研发生产的九方、澳星、天梭号、SSJ3等交流传动电力机车问世并进行试运,为完成铁路牵引动力由交直传动向交流传动的转换奠定了坚实的基础。

2006年年底,首批"和谐"型国产化大功率交流传动电力机车在大连机车车辆有限公司下线并交付使用。HXD型电力机车采用了交—直—交传动、微机控制和轮盘制动等多项新技术,具有起动(持续)牵引力大、恒功率速度范围宽、节能环保等特点,是目前我国技术水平最高、单机功率最大的电力机车,作为第六次铁路提速的货运主要机型,承担晋煤外运、平煤外运等运输任务。

电力机车正以交—直—交牵引技术、复合制动技术、高速转向架和高速受流技术为突破,加快实现运输装备的现代化。

第四节 机车运用与检修

机车运用与检修的基层单位是机务段,一般设在区段站和编组站。

一、机务段的任务和设备

根据各机务段担当任务量的大小,为其配属一定数量的机车。

机务段的主要任务是管好、用好、修好机车,圆满完成旅客列车、货物列车的牵引和调车工作等任务。全路的机车由国铁集团分别配属于各铁路局集团公司管内的机务段。

机务段设有管理部门和生产车间。生产车间包括运用车间、检修车间、设备车间、整备车间和监控车间。

运用车间主要负责机车的运用和保养;检修车间主要负责机车段修范围内的定期修理和机车的日常维修;整备车间负责机车燃料、水、砂等物资供应及机车的整备作业;设备车间负责机务段固定设备及水电动力设施的管理与维修;监控车间负责列车运行监控记录装置或自动停车装置等的检测、运行信息转储及设备维护。

机车出段牵引列车或担任调车作业前需要供应机车必需的物资并做好各项准备工作,这些工作称为机车整备作业。车型不同整备作业内容也不同。内燃、电力机车的整备作业项目见表5-1。为完成机车整备作业,机务段还必须修建相应的整备设施及设备,如机车整备场、加油站、转向、化验、清洗等设备。

内燃、电力机车的整备作业 表5-1

需要供应的物资			需要做的准备工作		
项目	内燃机车	电力机车	项目	内燃机车	电力机车
燃料	√	—	机转方向	一般单向	—
水	√	—	机转擦拭	√	√
砂	√	√	检查	√	√
润滑油	√	√	给油	√	√
擦拭材料	√	√	机车乘务组交接班	√	√

机车检修设备指机车在段修作业中所用的国家标准产品设备、铁路专用设备、工具备品及有关建筑物等。

二、机车运用

机车运用的一大特点是机车只要离开机务段,就要受到车站有关人员的调度和指挥。因此机务部门和行车部门的关系尤为密切,两者必须联动协作才能安全、高效、优质地完成运输任务。

(一)机车交路与机车运转方式

机车交路是机车固定担当运输任务的周转区段。

按照所担当的牵引区段的长度,分为短交路和长交路。如果用一班或一班以上乘务组在规定的连续工作时间内,机车仅能够完成一个单程线路的牵引作业,称作长交路。如果用一班乘务在规定的连续工作时间内,机车能够完成一个往返交路的牵引作业,称作短交路。

目前,我国铁路机车运转方式主要分为肩回运转制和循环运转制。

1. 肩回运转制

机车牵引列车在一个交路区段内往返一次后即进入机务段整备检查的,称为肩回运转制[图5-13a)]。长短交路均可采用这种机车运转方式。

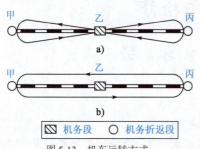

图5-13 机车运转方式
a)肩回运转制;b)循环运转制

2. 循环运转制

机车牵引列车在相邻的两个交路区段内做往返连续运行不入段,直到需要进行定期检修或预防性检修才进入机务段的,称循环运转制,如图 5-13b)所示。一般短交路均可采用这种机车运转方式。

(二)机车乘务制度与乘务方式

1. 乘务制度

我国现行的机车乘务制度有两种:包乘制和轮乘制。

(1)包乘制:每台机车配备给 2~3 个固定的乘务组值乘。优点是可以加强机车乘务员的责任心,便于乘务员熟悉所驾驶机车的性能,有利于机车操纵和维修保养。缺点是机车的运用效率较低。

(2)轮乘制:机车由各个乘务组轮流值乘。由于乘务组值乘的机车不固定,这样可以有效使用机车,合理安排乘务员的作息时间,显著提高机车的运用效率。同时对乘务员的驾驶技术要求更高,对机车的质量和保养的要求也更高。

2. 乘务方式

乘务员的乘务方式主要有立即折返制、外段驻班制和随乘制 3 种。

三、机车检修

机车在运用中,其技术状态会随着走行公里数的增加而逐渐变差,各部件都会发生磨耗、变形或损坏,为了保证安全,就要对其进行维修。除了乘务员的日常检查和保养外还必须进行各种定期检修。

机车定期检修的修程,内燃、电力机车分为大修、中修、小修和辅修。机车大修是一种全面的恢复性修理,修后机车须达到或接近新车水平;中修主要修理走行部;而小修主要是为了对有关设备进行测试和维修;辅修是临时性的维修和养护。

机车检修周期根据机车实际技术状态和走行公里或使用日期,由铁道部机车检修规程规定。

我国目前的检修体制实行的是机车计划预防维修制度。计划预防维修制度,是在掌握机器磨损和损伤规律的基础上,根据各种零件的磨损速度和使用极限,以防重于治为原则,相应组织保养和修理,避免零件的过早磨损,防止或减少故障,延长使用寿命,从而较好地发挥设备的使用功能,降低使用成本。计划预防修理制度的具体实施可概括为"定期检查、按时保养、计划修理"。

主要零部件的专业化集中修和定期检测状态修,是为适应铁路快速发展,提高机车配件质量而进行的修制改革。专业化集中修是将机车中修以上作业集中在少数几个有相应检修能力的机务段进行,避免造成设备分散、效率低、经济效益差。对机车的主要零部件的检修,按照专业化的生产原则,合理分工、定点协作,逐步建立专业化集中修基地。同时采用诊断技术,定期检测机车主要零部件状态,做好技术资料的积累和分析,制订合理的检修周期,根据机车状态,按照技术标准,实行记名修车,以不断提高机车段修的工作质量和产品质量。

复习思考题

1. 铁路机车是如何分类的？
2. 内燃机车设置传动装置的作用是什么？
3. 电传动内燃机车的工作原理是什么？
4. 电力机车的基本结构有哪些？
5. 交—直型电力机车的工作原理是什么？
6. 牵引供电系统由哪几部分组成？各部分的作用是什么？
7. 接触网由哪几部分组成？
8. 远动系统的功能有哪些？
9. 简述专业化集中检修制度及其特点。

第六章

铁路动车组

第一节 概　　述

目前世界上拥有时速200km及以上动车组列车的国家除我国外,主要有日本、法国、德国、意大利、西班牙、韩国等。我国高速铁路发展前,川崎重工、阿尔斯通、西门子和庞巴迪公司是掌握时速200km及以上动车组集成和关键部件技术,并具有批量制造能力的主要制造商。

一、动车组的基本概念

动车组是由动力车和拖车或全部由动力车长期固定地连挂在一起组成的车组。动车组中带有动力的车辆称为动车(用M表示,下同),不带动力的车辆称为拖车(用T表示,下同),列车两端都带有司机室,可在线路上往复运行。除高速铁路、城际客运、市郊客运运用的动车组外,城市中的地铁列车和轻轨电车也属于动车组的范畴。

二、动车组的分类

动车组按动力源可分为内燃动车组和电力动车组;按动力配置可分为动力集中式动车组和动力分散式动车组。动车组动力分散配置有两种模式:一种是完全分散模式,即高速列车编组中的车辆全部为动力车,如日本的0系高速列车,16辆编组中全部是动力车;另一种是相对分散模式,即高速列车编组中大部分是动力车,小部分为无动力的拖车,如日本的100系、700系高速列车,16辆编组中有12辆是动力车,4辆是拖车,即12M+4T。

动力分散动车组具有牵引功率大,最大轴重小,起动加速性能好,可靠性高,列车利用率高,编组灵活,运用成本低等诸多优点,因此,动力分散动车组是当今世界铁路动车组,特别是高速动车组技术发展的方向。

三、动车组的客运特点

高速动车组之所以受到各国政府的普遍重视,是由于它与高速公路和中长途航行运输相比具有以下特点:

(1)旅客旅行时间短。中长途旅客选择乘坐交通工具首先要考虑耗费的旅行总时间,高速铁路总时间比较短。

(2)安全性和舒适度。安全和舒适也是旅客最为关心的因素,经统计,铁路运输行车事故造成的伤亡人数大大低于公路和民航运输。

(3)准时性。公路和航空运输受气候影响较大,很难做到准点,有时还会停运,而高速铁路线路为全封闭,有先进的列车运行与调度指挥自动化控制系统,能保证正点运行。

(4)能源消耗。据统计,各种交通工具平均每人公里的能耗,高速公路是高速铁路的1.02倍,小客车是高速铁路的5.79倍,飞机是高速铁路的5.25倍。

第二节　动车组的基本构造及技术特点

 一、动车组的基本构造

动车组通常由以下七部分组成。

1. 车体

动车组车体分为带司机室车体和不带司机室车体,是司机驾驶及容纳乘客的地方,也是动车上其他设备和部件的连接安装基础。为使车体轻量化,高速动车组通常采用不锈钢材料、薄壁筒型整体承载结构,或铝合金材料、中空型组焊结构制造,而铝合金材料是今后动车组车体的主导材料。

2. 转向架

动车组转向架分为动车转向架和非动力转向架,动车转向架车轴可以是全动力轴,也可以是部分动力轴。转向架置于车体和轨道之间,用来牵引和引导车辆沿轨道行驶,承受、传递来自车体及线路的各种荷载,并缓和其作用力。转向架是列车的走行部,是保证列车运行品质和安全的关键部件。

3. 车辆连接、缓冲装置

车辆连接、缓冲装置包括:车钩、缓冲器和风挡。车辆编组成列车必须借助于连接装置,即车钩,为了缓和纵向作用力,改善列车纵向平稳性,在车钩的后部配置缓冲装置,即缓冲器,为了防止风沙及雨水侵入,便于旅客和乘务人员安全通行,在车辆两端设置风挡装置。同时,车钩还具有连接车辆之间的电气和空气的管路连接装置。

4. 制动装置

制动装置是列车保证安全运行所必需的装置。动车组常采用动力制动与空气摩擦制动的复合制动模式。动车组制动系统包括动力制动系统(再生制动或称电制动)、空气制动系统(包括风源)、电子防滑器及基础制动装置等。

5. 车辆内部设备

车辆内部设备是指服务于乘客的车内固定附属装置。如:车内电气、供水、通风、取暖、空调、旅客信息服务系统的设备,以及坐席、车窗、车门、行李架等装置。

6. 牵引传动系统

动车组牵引传动系统包括:主电路、受电弓、主断路器、避雷器、其他高压电器、牵引变压器、牵引变流器、牵引电机、电传动系统保护等。

7. 辅助供电系统

辅助供电系统是列车运行不可缺少的一部分,是维护列车许多重要功能(制动、照明、冷却、控制等)所必需的,由辅助供电系统供电的设备包括:空气压缩机、冷却通风机、油泵/水泵电机、空调系统设备、采暖设备、应急用电、维修用电、通信及控制系统等。

 二、动车组的主要技术特点

由于动车组速度提高,所以在动车组设计与开发中需要解决一系列关键技术问题。动车组是现代高新技术的集成,包括材料、机械、电子、计算机、通信、控制、空气动力学、人体工程学、工程仿真等领域的最新技术。动车组的主要技术特点如下。

1. 头型流线化

随着列车运行速度的提高,周围空气的动力作用一方面对列车和列车运行性能产生影响;同时,列车高速运行引起的气动现象对周围环境也产生影响。对于高速动车组来说,列车头型设计非常重要,好的头型设计可以有效减小运行空气阻力、列车交会压力波,提高运行稳定性。

2. 车体结构轻量化

为了节省牵引功率,降低列车高速所引起的动力作用对线路结构、机车车辆结构产生的损伤,以及提高旅客乘坐舒适度,需要最大限度地降低高速动车组的轴重。因此,国外各国高速列车车体的主要材料是铝合金和不锈钢,从发展趋势来看,铝合金将成为动车组车体的主导材料。

3. 高性能转向架技术

高速转向架要求具有高速运行的稳定性和良好的曲线通过性能,以满足乘客乘车舒适度的要求。

4. 复合制动技术

高速列车的制动能量与速度的平方成正比,因此,传统的纯空气制动能力已不能满足需要,高速列车必须采用能提供强大制动力并更好利用黏着的复合制动系统。该复合制动系统通常由制动控制系统、动力制动、空气制动(包括盘形制动和踏面制动)系统、微机控制防滑器和非黏着制动装置等组成。

5. 密接式车钩缓冲装置

目前世界各国高速列车(如日本、德国)普遍采用密接式车钩连接装置,该装置两车钩连接面的纵向间隙一般都小于2mm,上下、左右偏移也很小,对提高列车的运行平稳性和电气线路、风管的自动对接提供了保证。

6. 交流传动技术

早期的电力牵引传动系统均采用交—直传动,用直流电动机驱动。由于直流电动机的单位功率质量较大,使高速列车既要大功率驱动又要求减轻轴重,形成难以克服的矛盾。在交流转动系统中,交流牵引电动机较传统的直流牵引电动机具有结构简单、运行可靠、体积小、质量轻及造价低等系列优点。交流牵引电动机没有整流子结构对电动机功率的限制,牵引功率可以得到进一步提高。

7. 列车自动控制及故障诊断技术

列车自动控制系统对高速列车安全运行具有重要作用,世界各国在发展高速铁路时都十分重视列车自动控制系统的研究和开发,许多国家研制了先进列车控制系统(Advanced Train Control Systems)等多种基础技术设备,例如列车超速防护系统、卫星定位系统、车载智能控制系统、车载微机自动监测和诊断系统等。

目前在世界高速铁路上的自动控制方式主要分为两类:一类是以设备为主、人控为辅的控制方式,以日本新干线采用的列车自动控制(ATC)方式为代表。另一类是人机共用、人控为主的方式,以法国的高速铁路系统(TGV)高速列车为代表,主要采用有TVM300型安全防护系统及改进的 TVM430 型安全防护系统,还有德国高速列车(ICE)采用的速差式机车信号(FRS)和 LZB 型双轨条交叉电缆传输式列车控制设备等。

8. 倾摆式车体技术

列车通过曲线时,未被平衡的离心加速度超过允许限度时会对乘客产生不舒适感。这种未被平衡的离心加速度与列车速度的平方成正比,由此限制了列车通过曲线时的速度。采用摆式列车可以在既有线路条件下使列车通过曲线时的速度提高约 30%。

9. 高速受流技术

高速动车组的接触网—受电弓受流过程是以列车行驶的速度与接触网之间滑动完成的,是一个动态过程。这个过程包括了多种机械运动形式的电气状态变化,电流容量、适用速度、安全性能有了大幅提高。因此要保证动车组可靠运行,受流系统要具有新的技术特点,一是保证功率传输的可靠性;二是受流系统的运行安全性;三是良好的受流质量;四是延长受流系统的使用寿命。

10. 车厢密封隔声与集便处理

车体具有良好的密封隔声是动车组必须要解决的一项关键技术。动车组列车在高速运行,特别是隧道交会时,车外压力变化很大,车外的压力波动会反映到车厢内,使旅客感到不舒服,因此削弱噪声源、提高车体的密封隔声是动车组的关键技术之一。

随着运行速度的提高,必须采用密封性良好的排水系统及集便处理系统,保证车厢气压密封性。

第三节 我国铁路动车组

20 世纪末期,我国铁路各机车车辆工厂开始进行动车组研究与开发,并在国内局部线路进行试制性运营。

一 "春城号"电动车组

1999 年 4 月,长春客车厂为迎接 1999 年昆明世界园艺博览会开发制造了我国首列商业运行电动车组——120km/h 的"春城号"电动车组,成功运用于昆明世博会的旅客运输。该电动车组采用动力分散型交—直传动方式,以 1 动 1 拖为一个动力单元,一列 6 辆编组,可运用于标准轨距电气化线路上,牵引总功率 2160kW。该电动车组的电传动系统主电路采用了当时国内电力机车成熟技术——可控硅多段桥技术及微机控制技术;控制电路采用多单元重联技术,安全可靠,便于操作;辅助电路采用分组整流、分散逆变的方式,每辆车设一台 2×35kV·A 静止逆变器,可为空调、电热、电茶炉以及微波炉等电气设备提供电源;空调、塞拉门、照明采用集中控制方式。该电动车组首次采用无摇枕转向架及数字模拟式制动机。软座车采用新型可调节座椅,硬座车采用仿人体工程学座椅,并设有投影电视、信息显示、吧台、食品冷热加工设备、真空集便装置等设施。

二 "春光号"内燃动车组

四方车辆工厂为中国铁路南昌局集团有限公司制造的内燃动车组是我国首列单层液力传

动车组,适用于我国城市间中短途铁路客运。该动车组采用两节动车和四节拖车固定编组形式,装车功率为 2×1000kW,最大起动牵引力为 190kN,最高运行速度为 140km/h。该车动车由司机室、动力室、传动冷却室、辅助发电室、配电室、客室、茶炉室及卫生间组成。拖车分为硬座车和软硬合造车两个品种。动车组可根据用户要求,设计成不同功率等级,以满足运营时速为 120km、140km、160km 的需求,并可增加或减少拖车数量,其结构可为 1 动 2 拖、1 动 4 拖、2 动 4 拖、2 动 6 拖和 2 动 8 拖等不同形式。拖车分为硬座车和软硬合造车两个品种。

三 "新曙光"内燃动车组

1999 年 10 月,沪宁线上开行了由我国自己设计制造的"新曙光"双客内燃动车组,最高速度达到 180km/h。"2 动 9 拖"准高速内燃动车组是原铁道部立项研制的首列新型内燃动车组。采用交直流电传动,装用 12V280ZJ 型柴油机、JF211 型主发电机和 ZD106A 型牵引电动机。该动车组具备四大特点:一是功率大,柴油机装车功率 2×2760kW;二是速度快,最大运营速度 180km/h;三是载客多,总定员 1140 人;四是技术新,600V 直流供电,密接式车钩等。

四 "神州号"内燃动车组

"神州号"双层内燃动车组运营于北京—天津区间,是长春客车厂和大连内燃机车厂联合开发研制的。编组形式为 2 动 10 拖(1M+10T+1M),首尾为动车,中间 10 辆双层拖车,其中,软座车 1 辆、硬座车 9 辆(包括 1 辆播音车、1 辆车长车、3 辆小卖部车及 4 辆普通硬座车)。动车为交—直流电传动内燃机车,采用轴式为 C_0-C_0 的准高速转向架、JZ-7 型电空制动机等。动车设有监控系统,可对空调装置、车门、轴温报警装置、制动系统进行监控。其头部外观采用流线型。拖车采用无摇枕转向架、进口集便装置、自动塞拉门、直流 600V 供电系统、进口折棚风挡及密接式车钩等新技术。

五 哈尔滨液力传动内燃动车组

中国铁路哈尔滨局集团有限公司动车组属于液力传动式单层内燃动车组。该动车组采用 2 动 5 拖编组形式,前后为 2 辆完全相同的动车,动车采用重联控制,可同时操纵整列动车组。中间为 5 辆拖车,其中 1 辆拖车为带播音室和车长办公席的硬座车。动车从前至后依次布置为司机室、动力室、冷却室、辅助发电室、配电室和客室。客室为普通硬座,定员 38 人,并设有通过台。司机室内前方布置一个结构新颖、便于观察的操纵台。电气控制元件设置在操纵台内。设置 2 个可升降式座椅,电气柜布置在司机室内,司机室两边设侧门。液力传动箱输出部分带有一个 33kW 的起动辅助发电机。起动辅助发电机提供 110V 直流电源给风泵机组及给蓄电池充电。

六 160km/h 内燃摆式动车组

动力分散内燃液传摆式动车组是由中国北车集团唐山机车车辆厂研制的时速 160km 的摆式动车组。该车由于采用了先进的倾摆技术,所以曲线通过速度比普通客车提高 20%~30%。为保证安全性和可靠性,该车采用了大量的先进技术,其中柴油机为美国 CUM-MINS 公司 QSK19 卧式柴油机,液力传动箱采用德国 VOITH 公司的 T311R,倾摆技术采用德国 ESW 公司的机电倾摆系统。

七 "普天"号内燃摆式动车组

"普天"号摆式动车组动车装用 12V240ZJD-1 型柴油机,机车标称功率为 3250kW。该车采用微机网络控制以及国际领先的径向全悬挂转向架,最高速度可达 l60km/h。

八 "金轮"号双层内燃动车组

金轮号内燃双层动车组的两节内燃动车是由中国北车集团大连机车车辆厂为中国铁路兰州局集团有限公司研制开发的,该动车组用于兰州至西宁、兰州至敦煌等区间的旅客运输。动车采用交—直流电传动系统、国产 16V240ZJE 型柴油机,标称功率为 2740kW,采用推挽重联牵引。动车组最大运用速度 180km/h。这是第一列驶入西北高原的内燃动车组。

九 "蓝箭"电力动车组

"蓝箭"电力动车组是为满足广深线"小编组、高密度、高速度"的公交化客运要求,由株洲电力机车厂、株洲电力机车研究所、长春客车厂和中国铁路广州局集团有限公司于 2000 年共同研制的新一代交流传动高速电动旅客列车组,牵引"蓝箭"的 DJJ 1 型是我国第一台动力集中式交流传动高速动力车。

该车编组形式中基本编组为 1 动 5 拖 1 控制车(1M +5T +1TC),两列连挂编组为 2 动 10 拖(1M + 10T + 1M),基本编组定员为 421 人,连挂编组定员约 800 人。持续功率 4800kW,最大速度 220km/h。

十 "先锋号"电动车组

200km/h 动力分散型交流传动电动车组,是被国家计委列为"九五"重点科技攻关项目的我国首列交流传动动力分散电动车组。列车运营速度 200km/h,最高试验速度 250km/h。该电动车组由两个单元 6 辆车组成,每 3 辆车组成一个单元,其中包含 2 辆动车和 1 辆拖车。电动车组设有一等软座 1 辆,二等软座 5 辆,总定员 424 人。

该电动车组在国内首次采用了交—直—交传动系统、微机控制直通电空模拟式制动系统和微机网络控制系统等先进技术,装有新型牵引变压器,IPM 变流机组,异步牵引电机,无摇枕动力转向架和非动力转向架,并采用电动气控塞拉门、感应内端门、真空集便等装置。

车内设有司机室、乘务员室、配电室、播音室、洗面室、厕所、洁具室、商店和电话间。车体钢结构为整体承载全钢焊接无中梁筒形结构。首、尾两节的头部采用流线型结构,各车下部采用铝合金制作的裙板装置。全车设空调装置,并具有空调集中监控功能。

十一 "中华之星"电动车组

"中华之星"电动车组是我国自行设计,拥有完全自主知识产权的高速电动车组,设计时速为 270km,满座能够承载 726 名旅客。2003 年初,该电动车组在秦沈客运专线进行正线试验时,曾创造了 312.5km/h 的"中国铁路第一速"。

十二 "和谐号"CRH动车组

(一)CRH动车组基本情况

1. 九项关键技术和十项配套技术

在引进、消化吸收国外先进技术的过程中,CRH动车组主要采用了九项关键技术和十项主要配套技术。

九项关键技术为系统集成、车体、转向架、牵引变压器、牵引变流器、牵引电机、牵引控制、网络控制、制动控制,如图6-1所示。

十项配套技术为受电弓、车内电气、空调系统、车钩、门胶移动脚踏系统、真空集便系统、车窗、座椅、风挡及车内设施。

2. CRH1动车组

CRH1动车组由青岛四方—庞巴迪—鲍尔铁路运输设备有限公司(BSP)生产,是以庞巴迪公司为瑞典国家铁路和地方铁路开发的"Regina"动车组为原型车经设计改进而成的。

CRH1动车组为动力分散型,8辆编组,5动3拖,3个牵引单元,运营速度为200km/h,最高速度250km/h,牵引功率5500kW。车体采用不锈钢材料,如图6-2所示。

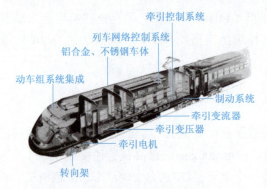

图6-1 CRH动车组的九项关键技术

图6-2 CRH1动车组

3. CRH2动车组

CRH2动车组由南车集团四方机车车辆股份有限公司生产,引进日本川崎重工技术。CRH2动车组是以日本新干线E2-1000型动车组为原型车经设计改进而成的。

CRH2动车组有CRH2A、CRH2C、CRH380A(L)三种车型,运营时速分别为200km、300km、380km。

(1)CRH2A

CRH2A为动力分散型、交流传动的电力动车组,采用铝合金空心型材车体。8辆编组,4动4拖,2个牵引单元,运营速度200km/h,最高速度250km/h,牵引功率4800kW,如图6-3所示。

(2)CRH2C

CRH2C动车组设计以CRH2A的200km/h动车组为基础,基于同一技术平台,结合我国铁路的运行特点,通过技术升级,实现时速300km动车组的设计和生产,如图6-4所示。

图6-3 CRH2A动车组

图6-4 CRH2C动车组

CRH2C动车组为动力分散型,8辆编组,6动2拖,运营速度275km/h,最高速度350km/h,牵引功率7200kW。采用大型中空薄壁铝合金焊接结构,使用DSA350型高速受电弓,以及在受电弓两旁加装挡板。

(3) CRH380A

CRH380A型电力动车组,或称为CRH2-380型,是原铁道部为运营新建的高速城际铁路及客运专线,由中国南车四方机车车辆股份有限公司在CRH2C(CRH2-300)型动车组基础上自主研发的CRH系列高速动车组。这款动车组采用了现代科技与中国文化的完全融合,而且在列车总成、车体、转向架等关键技术研究和装备研制方面取得了实质性的突破。

CRH380A为8辆编组,采用6动2拖的编组方式,运营速度350km/h,最高速度400km/h,牵引功率为9600kW,使用SS400+型高速受电弓,列车设有二等座车/观光车(ZEG)1辆(1车)、一等座车(ZY)2辆(3车、4车,其中,3车带有一等包厢)、二等座车(ZE)4辆(2、6、7、8车)和二等座车/餐车(ZEC)1辆。其中,观光座采用2+2方式布置,一等包厢采用3+0方式布置,一等座采用2+2方式布置,二等座为2+3布置。除了带酒吧的二等座车外,其他车厢所有座位均能旋转。CRH380A动车组如图6-5所示。

图6-5 CRH380A动车组

CRH2-380B为16辆编组,14动2拖的编组方式,牵引功率为20440kW,7个动力单元,56台牵引电机,使用DSA350型高速受电弓,以及在受电弓的两侧为立体围护整流罩。列车设有1辆商务车(SW)、2辆二等座车/观光车(ZEG)、4辆一等座车(ZY)、8辆二等座车(ZE)和1辆餐车(CA)组成。其中,商务包厢采用2+0方式布置,商务座采用1+2方式布置,一等包厢采用3+0方式布置,观光座采用2+2方式布置,一等座采用2+2方式布置,二等座采用2+3方式布置。除了餐车座椅外,其他车厢所有座位均能旋转。

4. CRH3动车组

CRH3动车组由唐山机车车辆工厂生产,引进德国西门子技术,以西门子Velar-E型动车组为原型车经设计改进而成的。

Velar-E型动车组设计时速350km,运营时速350km,是代表西门子最先进的动车组技术,可满足我国铁路高速客运需要。

(1) CRH3 动车组

CRH3 动车组为动力分散型、交流传动的电力动车组,采用铝合金空心型材车体,8 辆编组,分为 2 个牵引单元,4 动 4 拖,运营速度 300km/h,最高速度 350km/h,牵引功率 8800kW。两端为带司机室的控制车,列车正常运行时由前端司机室操纵,如图 6-6 所示。

(2) CRH380B

CRH380B 动车组为新一代高速动车组,以 CRH3 动车组产品技术平台为基础,8 辆编组,4 动 4 拖,牵引功率 9200kW,如图 6-7 所示。CRH380BL 为 16 辆编组,8 动 8 拖,牵引功率 18400kW,持续运营时速 300km,最高运行时速 380km,最高试验时速 487.3km。

图 6-6　CRH3 动车组

图 6-7　CRH380B 动车组

5. CRH5 动车组

CRH5 动车组如图 6-8 所示,由长春轨道客车股份有限公司与国外合作伙伴阿尔斯通公司提供。长客动车组是以阿尔斯通公司为芬兰国铁 VR 提供的 SM3 动车组为原型车经变化设计而成。

CRH5 动车组为动力分散型、交流传动的电力动车组,采用铝合金空心型材车体,8 辆编组,5 动 3 拖,分为 2 个牵引单元;运营速度 200km/h,最高速度 250km/h,牵引功率 5500kW。两端为带司机室的控制车,列车正常运行时由前端司机室操纵。

图 6-8　CRH5 动车组

6. "复兴号"动车组

"复兴号"动车组列车,是中国标准动车组的中文命名,由国铁集团牵头组织研制,是具有完全自主知识产权、达到世界先进水平的动车组列车(图 6-9)。英文代号为 CR,列车水平高于 CRH 系列,3 个系列分别为 CR400/300/200,数字表示最高时速,持续时速分别对应 350km、250km 和 160km,适用于高速铁路(高铁)、快速铁路(快铁)、城际铁路(城铁)。

(二)动车组检修与运用

1. CRH 动车组修程、修制

动车组施行计划性的预防检修。检修分为五个等级,一级和二级检修为运用检修,三级、四级、五级检修为定期检修。运用检修在动车组运用所内进行,定期检修在动车段内进行。运用检修可在任一运用所内进行,执行统一的检修标准,运用所承担检修后动车组的运用安全和质量责任。动车组检修周期如下。

图 6-9 "复兴号"动车组列车

(1) CRH1 型动车组

一级检修周期:运行里程 4000km 或 48h。

二级检修周期:15d。

三级检修周期:120 万 km。

四级检修周期:240 万 km。

五级检修周期:480 万 km。

(2) CRH2 型动车组

一级检修周期:运行里程 4000km 或 48h。

二级检修周期:3 万 km 或 30d。

三级检修周期:45 万 km 或 1 年。

四级检修周期:90 万 km 或 3 年。

五级检修周期:180 万 km 或 6 年。

(3) CRH3 型动车组

一级检修周期:运行里程 4000km 或 48h。

二线检修周期:暂定 2 万 km。

三级检修周期:120 万 km。

四级检修周期:240 万 km。

五级检修周期:480 万 km。

(4) CRH5 型动车组

一级检修周期:运行里程 4000km 或 48h。

二级检修周期:6 万 km。

三级检修周期:120 万 km。

四级检修周期:240 万 km。

五级检修周期:480 万 km。

2. 动车运用段和动车运用所

根据铁路发展思路,原铁道部确定在北京、上海、武昌、广州建立四大现代化动车组检修基

地。四大基地建设在能力和规模上要立足干线,并辐射周边地区;在覆盖范围上要立足于时速200km,兼顾时速300km,做到"一次规划,分步实施";同时为充分发挥检修基地功能,科学合理地配置检修资源,四大检修基地由国铁集团统一管理,面向全路,服务全路,依据路网布局与发展规划,结合动车组的配属和使用方案,确定四大检修基地的辐射范围。

复习思考题

1. 何谓动车组?它由哪几部分组成?
2. 高速动车组有哪些关键技术?
3. 世界高速铁路核心技术主要掌握在哪几个国家?我国主要从哪几家公司引进动车组技术?
4. 我国国内运用的动车组有哪些?
5. 动车组有哪几种形式?
6. 动车组由哪些系统组成?
7. 简述一种国产高速动车组的组成及其特点。
8. 动车组的修程分为哪几种?

第七章
铁路信号与通信设备

铁路信号与通信设备是组织指挥列车运行，保证行车安全，提高运输效率，改善行车人员劳动条件的关键设施，是计算机、网络技术、现代通信和控制技术在铁路运输生产过程中的具体应用，属于信息与控制学科范畴。随着铁路现代化以及高速铁路的快速发展，信号与通信设备在铁路运输中发挥着越来越重要的作用，各种新设备不断出现，技术水平更新换代日益加快。

第一节　铁路信号基础设备

一、铁路信号概述

铁路信号设备是铁路上信号、联锁、闭塞设备的总称。它的作用是保证列车运行和调车工作的安全以及提高铁路的通过能力。

（一）铁路信号的作用

铁路信号是指示列车运行及调车工作的命令，有关行车人员必须严格执行。它的作用是保证行车安全，提高运输效率，提高劳动生产率，改善运输人员的劳动条件。在铁路现代化建设中，铁路信号将越来越显示其重要作用。

（二）铁路信号的分类

铁路信号包括视觉信号和听觉信号两大类。

1. 视觉信号

视觉信号是以物体或灯光的颜色、形状、位置、数目或数码显示等特征表达的信号，如用信号机、机车信号、信号旗、信号灯、信号牌、信号表示器、信号标志及火炬等显示的信号都是视觉信号。

视觉信号又可分为固定信号、移动信号和手信号。

固定信号是指在固定地点安装的铁路信号，它是铁路的主要信号。临时设置的信号牌、信号灯等称作移动信号。用手拿信号灯、信号旗或手势显示的信号称作手信号。

在我国铁路上，规定用红色、黄色、绿色作为信号的基本颜色，以月白色、蓝色等作为信号的辅助颜色。三种基本颜色所代表的意义如下：

红色——停车；

黄色——注意或减速运行；

绿色——准许按规定速度运行。

2. 听觉信号

听觉信号是以不同器具发出音响的强度、频率和音响的长短时间等表达的信号，如用号角、口笛、响墩发出的音响以及机车、轨道车鸣笛等发出的信号，都是听觉信号。

二、铁路信号基础设备

铁路信号基础设备包括继电器、信号机及信号表示器、转辙机、轨道电路等。

(一) 继电器

继电器是一种电控制器件。它具有控制系统(又称输入回路)和被控制系统(又称输出回路)之间的互动关系,通常应用于自动化的控制电路中。它实际上是用小电流去控制大电流运作的一种"自动开关"。故在电路中起着自动调节、安全保护、转换电路等作用。铁路信号电路中常用继电器来完成逻辑运算,用继电器接点控制进路、信号机、道岔三者的联锁关系,同时控制室外设备动作电路(信号机点灯电路、道岔启动及表示电路、轨道电路)。

1. 继电器组成及原理

(1) 继电器的组成

继电器由接点系统和电磁系统两大部分组成。电磁系统由线圈、固定铁心、轭铁以及可动衔铁构成;接点系统由动接点、静接点构成。直流无极继电器如图7-1所示。

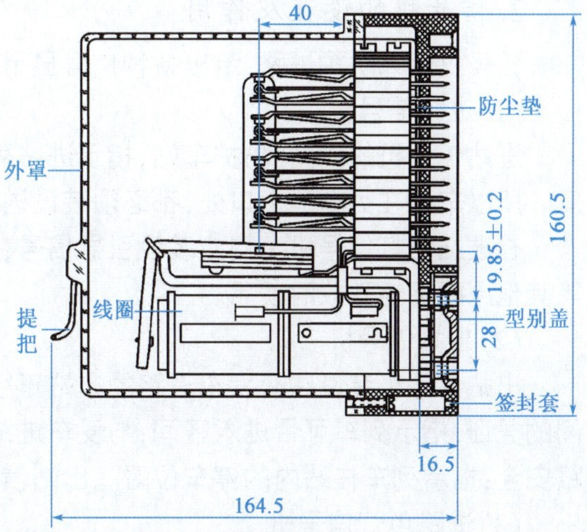

(2) 动作原理

当线圈中通入一定数值的电流后,由于电磁作用或感应方法产生电磁吸引力,吸引衔铁,由衔铁带动接点系统,改变其状态,从而反映输入电流的状况。

2. 继电器的分类

信号继电器是铁路信号中所用各类继电器的统称。安全型继电器是信号继电器的主要定型产品,采用24V直流系列的重弹力式直流电磁继电器,其基本结构是无极继电器。电磁原理使其吸合,依靠重力使其复原,利用其接点控制相应的电路。在无极继电器的基础上,派生出加强接点继电器、整流式继电器、有极继电器、偏极继电器和单闭磁继电器等,以满足电路的不同要求。

图7-1 直流无极继电器(尺寸单位:mm)

(二) 信号机及信号表示器

信号机和信号表示器构成信号显示,用来指示列车运行和调车作业的命令。

1. 信号机的种类

(1) 按发出信号的机具,可分为色灯信号机、发光二极管(LED)信号机、臂板信号机、表示器和标志等。

(2) 按信号机的用途,可分为进站、出站、进路、调车、通过、遮断、防护、预告、驼峰、复式及引导信号机等。

进站、出站、进路、通过、遮断、防护等信号机,都能独立显示信号,指示列车运行的条件,称作主体信号机;预告信号机和复示信号机等,本身不能独立存在,而是从属于某种信号机,所以这些信号机称作从属信号机。例如,进站预告信号机便是从属信号机,进站信号机是它的主体信号机。

(3) 按信号的显示数目,可分为单显示、二显示、三显示和多显示。

出站信号机和进路信号机的复式信号机以及遮断信号机均为单显示信号机。单显示信号机平时不亮灯,没有显示。二显示、三显示和多显示信号机可以根据信号机的用途和需要指示的运行条件来设置。

(4)按信号机的动作方式,可分为手动信号机、半自动信号机和自动信号机。

手动信号机——开放信号和关闭信号都由人工操作,称为手动信号机。

半自动信号机——开放信号由人工操作外,还受列车本身的自动控制,称为半自动信号机。

自动信号机——开放信号和关闭信号都受列车本身的自动控制,称为自动信号机。

2. 信号机的设置及作用

信号机用来防护进路,给出各种信号显示,指示列车运行及调车作业。

(1)进站信号机

进站信号机的作用:防护车站,指示进站列车的运行条件,完成联锁任务,保证进路安全可靠。所以车站在列车的入口处,都必须装设进站信号机。

在进站色灯信号机上均应装设引导信号,以便信号机临时发生故障或向非接车进路接车等其他原因不能开放时使用。

(2)出站信号机

出站信号机装设在有发车进路的车站正线和到发线端部,用来防护区间,作为列车占用区间的凭证,指示列车可否进入区间;与发车进路及敌对进路相互联锁,信号开放后保证发车进路安全;指示列车在站内的停车位置。出站信号机一般兼作调车信号机。

(3)进路色灯信号机

进路色灯信号机的作用:在有几个车场的车站,为指示列车由一个车场开往另一个车场,应设进路色灯信号机。用以防护列车从一个车场转线到另一个车场时的转场进站用。

(4)通过信号机

通过信号机的作用:通过信号机装设在自动闭塞区段时,作为指示列车能否进入闭塞分区之用;装在非自动闭塞区段线路所处的通过信号机,作为指示列车能否进入所间区间之用。

(5)遮断信号机

遮断信号机的作用:为防护道口、桥梁、隧道以及塌方落石等危险地点而设置的信号机。

遮断信号机仅防护本线路,当有多线路时均单独设置,而且线路两个方向也必须分别设置。

(6)预告信号机

预告信号机的作用:预告进站信号机等主体信号机的显示。在非自动闭塞区段,进站信号机为色灯信号机时,应设色灯预告信号机。在自动闭塞区段,进站信号机前方的通过信号机,已经起到预告信号机的作用,所以不再装设预告信号机。

(7)调车色灯信号机

调车信号机的作用:为保证列车在站内的行车安全,凡影响列车作业的调车进路,均应设置调车信号机。调车信号机要根据调车作业的实际需要装设。

(8)驼峰色灯信号机

为了提高编解作业效率,保证安全及改善调车人员的劳动条件,在峰顶平台与加速坡连接处的峰顶线路最高处,装设驼峰色灯信号机。

在驼峰上调车时,主要是推送解体作业,不利于调车司机瞭望信号,所以驼峰色灯信号机都装设驼峰复示信号机。另外,为了便于司机瞭望,在到达场设置驼峰色灯辅助信号机。

(9)复示信号机

进站、出站、进路及半自动闭塞区段线路所的通过信号机,因受地形、地物影响,达不到规定的显示距离时,应在其主体信号机显示能达到的最远处设置复示信号机,以保证信号的连续显示。

3. 色灯信号机的结构

色灯信号机按结构可分为透镜式、组合式和 LED 式三种。

(1)透镜式色灯信号机

透镜式色灯信号机(多灯信号机)是以凸透镜组为集光器的色灯信号机,透镜组由无色的外透镜和有色的内透镜组成,显示的颜色取决于内透镜的颜色,多种颜色由多个灯位完成显示。

其结构简单,易维修,但光通量不能充分利用,在曲线线段上不能连续显示。

透镜式色灯信号机有高柱和矮柱两种类型,各有单机构和双机构之分。单机构可构成单显示、二显示、三显示;双机构可构成四显示、五显示。

每个灯位由灯泡、灯座、透镜组、遮檐和背板等组成,如图 7-2 所示。

(2)组合式色灯信号机

组合式色灯信号机克服了透镜式色灯信号机的缺点,信号灯泡发出的光由反射镜汇聚,经滤色片变成色光,再由非球面镜聚成平行光束,偏散镜折射偏散,保证信号显示在曲线线段上的连续性,适用于瞭望困难的线路,曲线半径为 300~20000m 的各种曲线和直线轨道上。信号机构采用组合形式,一个灯位为一个独立单元,配一种颜色,使用时根据需要进行组合,是理想的更新换代产品。组合式色灯信号机结构如图 7-3 所示。

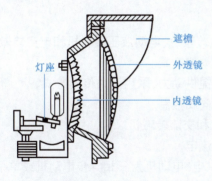

图 7-2 透镜式色灯信号机结构

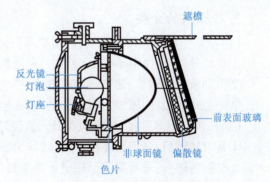

图 7-3 组合式色灯信号机结构

(3)LED 小型信号机

LED 小型信号机采用高亮度发光二极管(LED)作为信号机构的发光器件,采用高强度聚碳酸酯材料用于多点 LED 聚焦的蜂房式透镜,大幅度提高了 LED 的显示距离,采用铸铝外壳的密封拼装组合结构,信号机构的宽度由 260mm 减小到 150mm,机箱宽度由 200mm 减少到 170mm,实现了信号机构的小型化。

LED 小型信号机构由密封铸铝机壳、聚碳酸酯蜂房状透镜组、LED 集成光源、防雷单元、相关辅助电路组成。

其类型按使用功能和信号显示单元的大小,分为主体信号机构和辅助信号机构(引导、进路指示器);按信号显示单元的多少,又可分为三显示信号机构、二显示信号机构、一显示信号机构。其主体信号显示距离不小于 400m,辅助信号显示距离不小于 200m。显示颜色包括红、黄、绿、白、蓝五种颜色,与色灯信号机构颜色一致。

4. 信号表示器

信号表示器与信号机不同,信号机是用来防护进路、防护区间、防护危险地点;信号表示器则没有防护意义,仅用来表示行车人员的意图、行车设备的状态及信号机显示的附加意义等。常见的信号表示器有下列几种。

(1)道岔表示器

道岔表示器仅表示道岔的开通位置(开通直向或侧向),不指示列车或调车机运行。

(2)进路表示器

进路表示器通常装在连接2个或3个运行方向的出站信号机上,用以区分发车进路的开通方向。进路表示器不能独立构成信号显示,只能在出站信号机开放后,才能显示白色灯光。

(3)发车表示器

只有具备出站信号机开放,车站值班员指示发车的条件后,运转车长才能开放发车表示器,指示列车出发。

此外还有脱轨表示器、发车线路表示器、调车表示器、水鹤表示器、车挡表示器。

(三)转辙机

1. 转辙机的作用

转辙机用以可靠地转换道岔位置,改变道岔开通方向,锁闭道岔尖轨,反映道岔位置。转辙机是以动力带动转辙装置,实现正转或反转,从而使道岔具有两种不同的开通位置(开通直股或侧股)。

2. 转辙机的分类

(1)按动作能源和传动方式,转辙机可分为电动转辙机、电动液压转辙机和电空转辙机。

①电动转辙机:由电动机提供动力,采用机械传动的方式。

②电动液压转辙机:简称电液转辙机,由电动机提供动力,采用液力传动方式。

③电空转辙机:由压缩空气作为动力,由电磁换向阀控制。

(2)按供电电源种类,转辙机可分为直流转辙机和交流转辙机。

①直流转辙机:采用直流电动机,工作电源是直流电。

②交流转辙机:采用交流三相电源或单相电源供电,电动机为三相异步电动机或单相异步电动机。

(3)按动作速度,转辙机可分为普通转辙机(转换道岔时间3.8s以上)和快动转辙机(转换道岔时间0.8s以下,用于调车场分路道岔)。

(4)按道岔锁闭方式,转辙机可分为内锁闭转辙机和外锁闭转辙机。

①内锁闭转辙机:依靠转辙机内的锁闭装置锁闭道岔。

②外锁闭转辙机:依靠转辙机外的锁闭装置锁闭道岔,将尖轨直接锁于基本轨。

(四)轨道电路

1. 轨道电路的构成及工作状态

轨道电路是利用铁路的两条钢轨作为导线所构成的电气回路。它可以反映线路和道岔区段是否有车占用,钢轨是否完整,监督线路占用情况,以及将列车运行与信号显示联系起来。

轨道电路的作用是监督钢轨线路是否有车占用,是由区段内的列车轮轴将两条钢轨短路(分路),以检查有无列车的电路。

轨道电路有 4 种状态:调整状态(无车占用)、分路状态(有车占用)、断轨故障状态、短路故障状态。轨道电路状态原理示意图如图 7-4 所示。

(1)调整状态。从轨道电路状态工作原理图中可以看出,平时在轨道电路的两根钢轨完好、又无列车占用时,电源电流通过两根钢轨和接收设备——轨道继电器(GJ),使它有电励磁吸起衔铁,并且闭合其前接点,反映了轨道电路空闲——调整状态,如图 7-4a)所示。

(2)分路状态。当有列车占用轨道区段时,电源电流被列车轮轴分路,使 GJ 由于得不到足够的电流而失磁落下衔铁,并且闭合其后接点,反映了轨道电路被占用——分路状态,如图 7-4b)所示。

(3)断轨故障状态。当轨道电路发生断轨或断线等故障时,同样使接收电流减少而 GJ 失磁落下衔铁,反映出轨道电路故障——断轨状态,如图中 7-4c)所示。

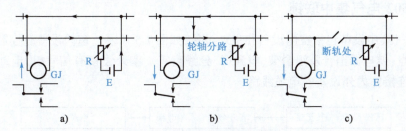

图 7-4 轨道电路状态原理示意图
a)调整状态;b)分路状态;c)断轨故障状态

(4)短路故障状态:当轨道电路区段无列车占用时,由于钢轨辅助设备的不正常接触,或外界短路线造成两根钢轨之间短路(此时的短路也是分流),使 GJ 由于得不到足够的电流而失磁落下衔铁,并且闭合其后接点,为短路故障状态。

由上述轨道电路的工作状态可知:轨道电路可以检查钢轨线路上的列车运行情况及线路完整状态,将这些信息连续地传递到自动控制系统中去,从而可以迅速和准确地指挥列车运行。

2.轨道电路的分类

(1)按钢轨绝缘可分为有绝缘和无绝缘。
(2)按构成方式可分为开路和闭路。
(3)按供电方式可分为连续和脉冲。
(4)按信号电流可分为直流和交流。
(5)按频率可分为 25Hz、50Hz、移频等。

第二节 联锁设备

 一 联锁的基本概念

在铁路车站上,为了保证机车车辆和列车在进路上的安全,有效利用站内线路,高效率地指挥行车和调车,改善行车人员的劳动条件,利用机械、电气自动控制和远程控制、计算机等技术和设备,使车站范围内的信号机、进路和进路上的道岔相互具有制约关系,这种关系称为联锁。

联锁的基本内容包括:

(1)防止建立会导致机车车辆相互冲突的进路;必须使列车或调车车列经过的所有道岔均锁闭在与进路开通方向相符合的位置;必须使信号机的显示与所建立的进路相符合。

(2)进路上各区段空闲时才能开放信号;进路上有关道岔在规定位置时才能开放信号;敌对信号未关闭时,防护该进路的信号机不能开放。这三点是联锁最基本的三个技术条件,只有在满足了这三个条件时,联锁才能成立,列车进路与调车进路才能安全进行。

联锁设备的种类

控制车站的道岔、进路和信号,并实现它们之间相互制约关系的设备,称作联锁设备。联锁设备分为集中联锁和非集中联锁,目前广泛采用的是集中联锁。

(一)6502 电气集中联锁

6502 电气集中设备包括室内设备和室外设备,如图 7-5 所示。室内设备有控制台、区段人工解锁按钮盘、继电器组合及组合架、电源屏、分线盘等。室外设备有信号机、电动转辙机、轨道电路以及连接室内外设备的电缆线路。

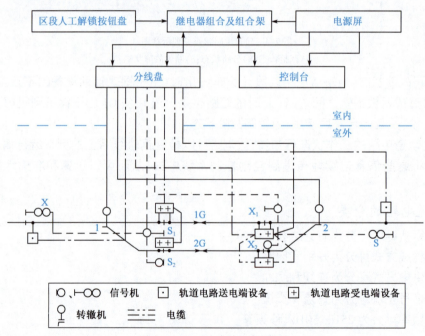

图 7-5 6502 电气集中设备的组成

1. 室内设备概况

电气集中室内设备一般设置在信号楼内,信号楼是车站的控制中心。

(1)控制台

在信号楼车站值班员室内设有控制台。控制台的盘面是按照每个车站站场的实际情况布置的,盘面上的模拟站场线路、接发车进路方向、道岔和信号机位置均与站场实际位置相对应。

6502电气集中控制台是用各种标准的单元块拼装而成的,称为单元控制台。在控制台盘面上设有各种用途的按钮和表示灯以及电流表。在控制台中部设有供车站值班员使用的工作台,背面下部设有配线端子板、熔断器及报警电铃。

控制台的作用是车站值班员集中控制和监督全站的道岔、进路和信号机,指挥列车运行和调车作业的控制设备,也可供信号维修人员分析判断控制系统故障范围之用。

(2)区段人工解锁按钮盘

在离开控制台一定距离的室内,装设区段人工解锁按钮盘。

人工解锁按钮盘的作用是控制台操作时的辅助设备,当轨道电路区段因故障不能正常解锁时,用它办理故障解锁;在更换继电器或停电恢复后,用来使设备恢复正常状态;在用取消进路的办法不能关闭信号时,可用它关闭信号。

(3)继电器组合及组合架

在信号楼继电器室内设有继电器组合及组合架。在电气集中车站需要大量继电器,把具有相同控制对象的继电器按照定型电路环节组合在一起,称作继电器组合,简称组合。

(4)电源屏

在信号楼继电室或电源室设有电源屏,电源屏是电气集中的供电设备。一般要求有两路可靠的电源,即主电源和副电源。主、副电源引至信号楼内,要能够自动和手动相互切换,经过稳压、隔离、变压或整流后,不间断地供给电气集中需用的各种交流电源和直流电源。

(5)分线盘

在室内电缆引出处还设有分线盘。电气集中的室内与室外联系导线都必须经过分线盘端子,它是室内外电缆汇接处。

此外,在车站继电器室内还设有区间闭塞设备、车站电码化设备、微机监测系统和铁路调度指挥系统(TDCS)分机等设备,在CTC区段设有车站自律机(此时不设TDCS分机),在200km/h速度区段设车站列控中心。

2. 室外设备

电气集中室外设备主要有信号机、转辙机、轨道电路以及电缆和电缆连接盒(箱)。

(二)计算机联锁

计算机联锁是用微型计算机和其他一些电子、继电器件以及各种计算机软件组成的具有故障—安全性能的实时控制系统,其联锁层功能是通过联锁计算机对采集到的联锁数据进行联锁运算而实现的。

1. 计算机联锁的结构

对于计算机联锁系统,一般整个系统可以分为3个层次,即可分为人机会话层、联锁测控层和执行层。对操作台的操作命令进行预处理,还可以与上级系统联网,构成更高一级的测控系统(调度集中系统CTC)或信息处理系统(调度信息管理系统DMIS或TDCS)。而联锁测控计算机可以集中其全部能力,来实现高可靠性与高安全性的联锁测控功能。

对应三个层次,可用三种计算机来承担各层的任务。计算机联锁系统网络层次如图7-6所示。不同的计算机因其承担的任务不同,为提高可靠性和安全性所采取的冗余技术各不相同。

2. 设备组成

计算机联锁由人机会话层、联锁测控层、执行层和室外设备组成。室外设备基本上同6502电气集中联锁。

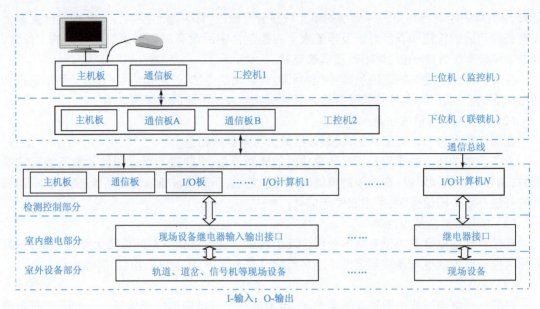

图 7-6 计算机联锁系统网络层次图

(1) 计算机

计算机是计算机联锁系统的核心,它要完成所有信息的处理、接口管理及与外部设备的信息交换。由于计算机联锁系统接收和处理的信息很多,而且许多信息在时间上重叠,为了避免信息丢失,提高系统的运行速度,目前应用的各种型号的计算机联锁设备均采用多主系统。即将人机对话、联锁运算、系统监测等功能分别用不同的主机来处理。因此,图 7-7 的计算机系统(主机)是由几个子系统组成,一般包括上位机(也称为操作表示机或控制显示机或监视控制机)、下位机(也称为联锁处理机)、电务维修机(也称为监测机)等。各部分计算机的功能如下。

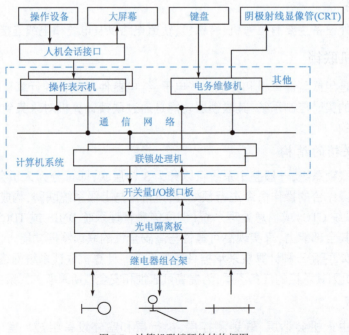

图 7-7 计算机联锁硬件结构框图

①上位机:一是接收车务人员的操作命令,将操作信息通过网络通信传给联锁机;二是接收来自联锁机的状态信息和提示信息等,控制显示器显示系统及监控对象的状态,及时显示各种提示信息和报警信息;三是将各种表示信息、报警信息及时转发给电务维修机。

②下位机:一方面接收上位机下发的操作命令,另一方面通过输入接口采集现场信号设备的状态信息,对输入的信息进行逻辑处理、联锁运算,根据运算结果,形成控制命令和表示信息。控制信息通过输出接口电路控制组合架的继电器动作,表示信息是将现场信号设备的状态信息、提示信息、报警信息等及时传给上位机。

③电务维修机:它是专门为电务维修人员配备的机器。其主要任务是接收操作表示机发来的状态信息、操作信息、提示信息和报警信息等,通过显示器可及时显示。同时将各种信息的数据储存记忆,以便查询。

(2)人—机对话设备

目前使用的计算机联锁系统、人—机对话设备均采用操纵与表示分离的方式,操纵设备主要有按钮盘或数字化仪、鼠标等,表示设备有大屏幕显示器及大屏幕表示盘。此外,还有供电务维修人员维护监测使用的键盘、鼠标及显示器等。

(3)通道与接口

通道与接口是连接主机与外部设备的纽带。在计算机联锁系统中,主机一方面通过人—机接口接收值班员的操作命令,同时为显示设备提供各种表示信息;另一方面,通过与监控对象之间的输入通道和接口采集现场设备的状态信息,经过逻辑运算后,形成控制命令,通过与监控对象之间的输出通道和接口控制现场的信号设备。

(4)继电器结合电路

由于铁路信号对系统的安全性要求非常高,目前国内的计算机联锁系统受到软、硬件技术水平的限制,还不能完全取消继电器。控制、监督室外信号设备的最后一级执行部件仍然用继电器。一般的系统主要设置以下继电器:

对应轨道区段保留轨道继电器(GJ);对应信号机保留信号继电器(XJ)和灯丝继电器(DJ)等;对应道岔控制电路保留道岔启动继电器(1DQJ、2DQJ)和表示继电器(DBJ、FBJ)等。这样可以保证继电器对室外信号设备的控制与6502电气集中联锁基本一样。此外,还有控制系统实现双机转换的有关继电器。

第三节 闭塞设备

一、闭塞的概念及技术要求

1.闭塞的概念

闭塞就是用信号或凭证,保证列车按照空间间隔制运行的技术方法。空间间隔制就是前行列车和追踪列车之间必须保持一定距离的行车方法。

2.技术要求

闭塞设备分为半自动闭塞和自动闭塞。

(1)半自动闭塞

半自动闭塞就是人工办理闭塞手续,列车凭信号显示发车后,出站信号机自动关闭的闭塞方法。其特征为：站间或所间只准运行一列列车；人工办理闭塞手续；人工确认列车完整到达和人工恢复闭塞。

半自动闭塞的技术要求：在有区间占用检查时的条件下，可构成自动站间闭塞，自动办理闭塞手续，列车凭信号显示发车后，出站信号机自动关闭。其特征为：有区间占用检查设备；站间或所间区间只准运行一列列车，办理发车进路时自动办理闭塞手续；自动确认列车到达和自动恢复闭塞。

（2）自动闭塞

自动闭塞就是根据列车运行及有关闭塞分区状态，自动变换通过信号机显示而司机凭信号行车的闭塞方法。其特征为：把站间划分为若干闭塞分区，有分区占用检查设备，一般设有通过信号机；站间能实现列车追踪；办理发车进路时自动办理闭塞手续，自动变换通过信号机的显示。

自动闭塞的技术要求：闭塞分区被占用或轨道电路失效时，防护该闭塞分区的通过信号机应自动关闭；当进站及通过信号机红灯灭灯时，其前一架通过信号机应自动显示红灯；双向自动闭塞运行的自动闭塞区段，在同一线路上，当一个方向的通过信号机开放后，相反方向的信号机均须在灭灯状态，与其衔接的车站向同一线路发车信号机开放后，对方车站不得向该线路开放出站信号机。

自动闭塞

1. 单向自动闭塞和双向自动闭塞

自动闭塞按行车组织方法可分为单线双向自动闭塞、双线单向自动闭塞和双线双向自动闭塞。

（1）单线双向自动闭塞：在单线区段，既要运行上行列车又要运行下行列车，在线路两侧都要装设通过信号机，这种自动闭塞称为单线双向自动闭塞。

（2）双线单向自动闭塞：在双线区段，以前多采用单方向运行的方式，每条线路仅在一侧设通过信号机，这样的自动闭塞称为双线单向自动闭塞。

（3）双线双向自动闭塞：为了充分发挥运输能力，在双线区段的每条线路上都能双方向运行列车，这样的自动闭塞称为双线双向自动闭塞。其地面通过信号机的设置同双线单向自动闭塞，仅在基本运行方向侧设置通过信号机。反方向运行有两种方式，一种是反方向按自动闭塞行车，另一种是反方向按站间闭塞行车。这两种方式的反方向均不设通过信号机，反方向运行的列车是以机车信号显示作为行车命令，即此时机车信号作为主体信号。

双线单向自动闭塞只防护列车的尾部，而单线双向自动闭塞和双线双向自动闭塞必须对列车的尾部和头部两个方向进行防护。为了防止列车正面冲突，双向自动闭塞设有改变运行方向的电路，平时规定为正方向行车，正方向通过信号机亮灯，反方向通过信号机灭灯。需要改变运行方向时，必须检查区间空闲，由车站值班员按规定办理相关手续后才允许改变运行方向。

2. 三显示和四显示自动闭塞

自动闭塞按信号显示制式可分为三显示自动闭塞和四显示自动闭塞。

（1）三显示自动闭塞如图7-8所示，通过信号机具有三种显示，能预告列车运行前方两个闭塞分区状态；分两个速度等级，一个闭塞分区的长度满足从规定速度到零的制动距离。

列车在三显示自动闭塞区段运行，越过显示黄灯的通过信号机时开始减速，至次架显示红灯的通过信号机前停车,因此要求每个闭塞分区的长度绝对不能小于列车的制动距离。随着列车运行速度和运行密度的不断增加,在一些繁忙的客货共线区段,各种列车运行的速度和制动距离相差很大,三显示自动闭塞不能解决这一矛盾,所以必须采用四显示自动闭塞。

图 7-8　三显示自动闭塞原理图

(2) 四显示自动闭塞如图 7-9 所示,通过信号机具有四种显示,能预告列车运行前方三个闭塞分区状态;分三个速度等级,两个闭塞分区的长度满足从规定速度到零的制动距离。

图 7-9　四显示自动闭塞原理图

高速列车以规定的速度越过绿黄显示的通过信号机后必须减速,以使列车在抵达黄灯显示的通过信号机时不大于规定的允许速度,保证在显示红灯的通过信号机前停车。而对于低速、制动距离短的列车越过绿黄显示的通过信号机后不减速。由于增加了绿黄显示,加大了前方预告信息,使得提速列车的制动距离用两个闭塞分区来保证,未提速列车的制动距离仍用一个闭塞分区来保证,就圆满地解决了提速带来的效率与安全的矛盾。四显示自动闭塞的特点是保证制动距离的闭塞分区数量随列车速度不同而不同,因此既保证了提速列车的运行安全,又保证了普通列车的通过能力,非常适用于不同速度列车共线运行的铁路。四显示自动闭塞还可压缩列车追踪运行间隔时间,提高行车密度。

3. 有绝缘和无绝缘自动闭塞

传统的自动闭塞在闭塞分区分界处均设有钢轨绝缘,以分割各闭塞分区。但钢轨绝缘的设置不利于线路向长钢轨、无缝化发展,钢轨绝缘损坏率高,影响了设备的稳定工作,且增加了维修工作量和费用。尤其是电气化区段,牵引电流为了通过钢轨绝缘,必须安装扼流变压器,缺点更显著,于是出现了无绝缘自动闭塞。无绝缘自动闭塞以无绝缘轨道电路为基础,采用电气绝缘节。无绝缘轨道电路具有较多优点,尤其在电气化区段和无缝线路更为突出,因此今后应发展采用无绝缘轨道电路的自动闭塞。

第四节　列车运行控制系统与机车信号

 一　列车运行控制系统(CTCS)

1. CTCS 概述

随着铁路提速及高速铁路的建设,当今铁路信号出现了一个重大转折,一是对地面设备的控制转向对移动列车的直接控制,二是对移动列车的开环控制转向对移动列车的闭环控制,产生了以主体化机车信号和超速防护为代表的列车运行控制系统。CTCS 是为了保证列车安全运行,并以分级形式(0~4级)满足不同线路运输需求的列车运行控制系统。

CTCS系统应按故障安全原则,采用冗余结构进行系统设计,在任何情况下能防止列车无行车许可证运行;防止列车超速运行,包括列车超过进路允许速度、线路结构规定速度、机车车辆构造速度、临时限速和紧急限速、铁路有关运行设备的限速;能以字符、数字及图形等方式显示列车运行速度、允许速度、目标速度和目标距离;能实时给出列车超速、制动、允许缓解等表示及设备故障状态的报警。

2. CTCS 设备

CTCS包括铁路运输管理层、网络传输层、地面设备层和车载设备层。运输管理层是行车指挥中心,通过网络实现对列车的控制;网络传输层以无线(GSM-R)或有线的方式实现数据的传输;地面设备层由车站列控中心、轨道电路、点式(无源和有源应答器)设备等组成;车载设备层由车载安全型计算机、连续信息接收模块、点式信息接收模块、无线通信模块等组成。

机车信号及列车超速防护装置

1. 机车信号分类

按机车接收地面信息的时机,机车信号可分为点式、连续式和接近连续式三种。

点式机车信号是在非自动闭塞区段线路上某些固定地点,如在距进站信号机1200m和400m处设置地面设备,向机车传递信息。

连续式机车信号能在整条线路上连续反映线路状态和运行条件,用于自动闭塞区段。

接近连续式机车信号是在车站的接近区段和站内连续反映地面信号显示,用于半自动闭塞区段。

2. 列车运行监控装置

列车运行监控装置(简称LKJ),是中国列车运行控制系统体系的组成部分,用于防止列车冒进信号、运行超速和辅助机车司机提高操纵能力的重要形成设备。目前广泛采用的是LKJ-2000列车运行监控记录装置,该装置是国内新一代列车超速防护设备。能准确记录列车运行状况、信号设备状况及乘务员操纵状况,并采用双机热备冗余工作方式、工作性能更加可靠;V装置的屏幕显示器以图形、曲线、文字等方式来显示前方线路状况、运行情况等信息,并在列车超速、冒进红灯等危险情况时自动采取紧急制动,保障铁路运输安全。

3. 列车超速防护系统(ATP)

列车的制动距离与其运行速度成正比。当人的视距小于列车制动距离和确认操作时间内列车走行的距离时,传统的信号控制系统以及以人为主的保证行车安全的控制方式,已不能适应列车对待安全的需要。因此随着列车速度的提高和密度的加大,必须装备超速防护系统。

列车超速防护系统(Automatic Train Protection, ATP)的核心是铁路信号速度化,要求信号信息具有明确的速度含义,并根据这些信息对列车运行速度实时连续监控。地面列控信息主要根据进路、线路条件以及前后列车的运行位置,在采用分级速度控制时,产生不同的出口速度信息;在采用速度—距离模式曲线控制时,产生目标距离、目标速度等信息。ATP车载设备依据接收到的信息,根据列车构造速度、制动性能计算出控制曲线,对列车是否遵守信号(速度)指令进行实际运行速度的监控。当列车在允许速度控制曲线以下运行时,ATP车载设备相当于"机车信号",只不过信号显示已不仅是灯光颜色,而是允许速度值的量化显示;当列车的实际速度接近、超过允许速度曲线时,ATP车载设备就报警、卸载、制动,起到防止"两冒一超"的安全作用。

列车制动控制模式分为分级制动模式和一级制动模式。分级制动是以闭塞分区为单元,根据与前行列车的运行距离来调整列车速度,各闭塞分区依据进路条件、前后列车位置,采用不同的低频频率调制,指示不同的速度等级;一级制动是按目标距离制动的,根据距前行列车的距离或距运行前方停车点的距离、列车参数、线路参数,计算出列车制动模式曲线。信息传输有轨道电路和无线传输两种方式,传输的信息包括线路允许速度、目标速度、目标距离。一级制动方式能合理地控制列车运行速度,是列车自动控制技术的发展方向。

第五节 调度控制系统

行车调度控制系统是行车调度员(或车站值班员)对其管辖范围内区段和车站联锁道岔和信号状态进行控制监督,并指挥列车运行的设备。行车调度控制系统有两种设备,即铁路调度指挥系统(TDCS)和调度集中系统(CTC)。

调度集中既是信号设备,又是一种行车方式。它以信号显示代替行车命令。调度员在指挥行车时,不仅可对设备进行控制,还可以监督管辖范围内所有列车的运行情况,目前高速铁路及青藏线、大秦线等均采用 CTC 控制模式(特殊情况可以转成站控模式)。采用 TDCS 设备时,调度员只能监督管辖范围内所有列车的运行情况,不能直接利用该项设备控制列车运行。

一、调度指挥系统

1. 铁路调度指挥系统(TDCS)

TDCS(Train Dispatch Command System)是二级三层集中式综合型运输指挥,采用现代信息技术建立的铁路调度指挥系统,是为满足铁路运输调度的要求,利用自动控制技术、远程控制技术和信息技术,通过对铁路车站信号设备、区间信号设备等进行远程控制和监测,从而对一定地域范围内运行的全部列车进行集中监视的设备。

2. 体系结构

TDCS 系统结构如图 7-10 所示。

3. TDCS 系统的主要功能

(1)实时监视列车运行状态及现场信号设备运用状态,并具有历史信息回放和查询功能。

(2)站间透明功能,相邻车站相互可见对方行车作业情况。

(3)调度命令、行车计划下达功能,由调度员将调度命令、行车计划下达到相关调度区段指定车站。

(4)无线车次号追踪、校核上传功能,收集由无线列调设备传送的列车信息。

(5)自动报点及正晚点的统计功能,根据班计划及车次追踪结果自动、手动上报列车到发点及通过点。

(6)列车运行图管理功能,根据各车站上报的列车到发点实现绘制运行图。

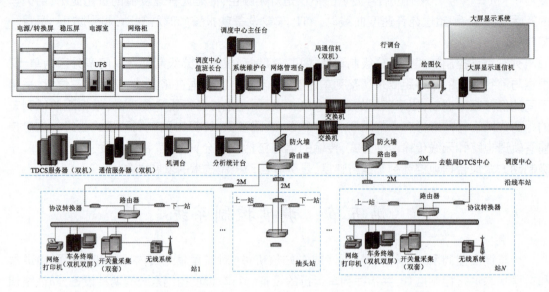

图 7-10 TDCS 系统结构图

(7)高性能的网络安全功能,防止非法用户入侵、系统漏洞评估及实时在线查杀病毒。

(8)行车调度智能化、信息化,行车调度集中管理,行车调度透明指挥,行车作业实时监视,阶段计划自动调整和下达等,减轻了劳动强度,提高了调度水平,提高了运输效率,确保了行车安全。

调度集中系统(CTC)

1. 基本概念

调度集中系统(Centralized Traffic Control,CTC)在 TDCS 的基础上,采用分散自律技术,对调度区段内列车调车进路的集中控制,实现对列车运行的直接指挥和管理。

我国目前采用的分散自律调度集中系统,分散是相对于调度中心集中控制而言,将过去由调度中心集中控制所有车站的列车作业的方式改为由各车站设备独立地控制各自的列车和调车作业。自律是依据各站的特点,系统按照《铁路技术管理规程》《铁路行车组织规则》《铁路运输调度规则》和《铁路车站行车工作细则》等规则,自动协调列车作业和调车作业的矛盾,自动控制列车进路和调车进路。

2. 体系结构

CTC 系统结构如图 7-11 所示。

3. CTC 的主要功能

(1)列车运行计划计算机管理和辅助编制,列车运行计划自动、人工调整及自动下达。

(2)调车作业计划计算机管理和辅助编制,调车作业计划自动下达,调车作业通知单自动生成。

(3)系统依据列车运行计划,《铁路技术管理规程》《铁路行车组织规则》《铁路车站行车工作细则》等规定,以及相关联锁技术条件,对列车、调车作业进行分散自律安全控制。

(4)调度命令自动下达。

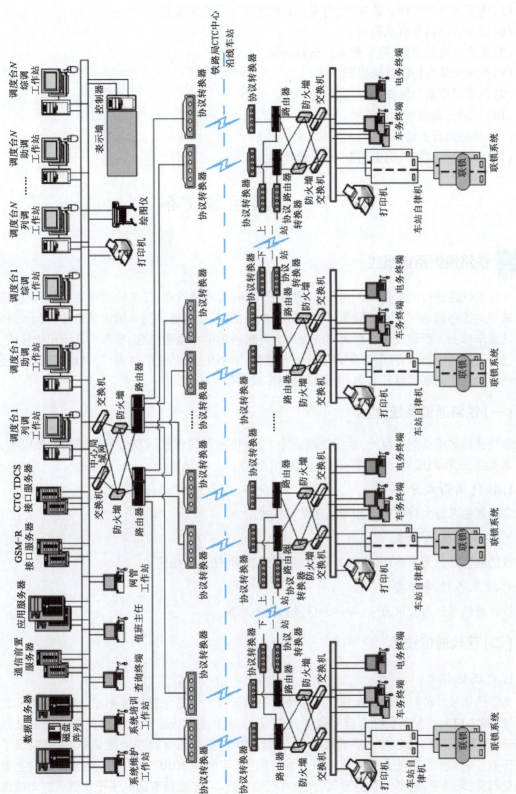

图7-11 CTC系统结构

(5)调度命令调车作业通知单、行车凭证和路票等不停车交付。
(6)接车进路信息自动预告。
(7)车次号自动追踪、列车到发点自动采集。
(8)列车实际运行图自动描制。
(9)行车日志自动生成。
(10)邻站行车信息透明监视。
(11)邻站运行图透明监视。
(12)设备状态监视、历史信息再现、操作事件记录。

第六节　铁路通信设备

一、铁路通信系统概述

传统的铁路通信主要是两大业务,一是铁路电报,包括预确报;二是铁路电话,包括调度指挥。其面向铁路运输一是通信联系、沟通情况、电话指挥,二是提供列车编组信息,以便沿线和编组站调车作业。而现代化铁路通信的发展方向是通信信号紧密结合,要求广泛运用计算机、网络、光纤、无线等技术,从而实现通信技术无线化、网络化、移动化的转变,同时也实现信号控制从传统的固定闭塞到移动闭塞、地面信号到车载信号的转变。

(一)铁路通信系统分类

铁路通信是指挥列车运行,组织铁路运输生产,传输各种信息以及公务联络的重要设施,具有点多线长、布局成网、分散维护、集中使用的特点。

1. 按传输形式分类

铁路通信可分为有线通信和无线通信两大类。

2. 按服务区域分类

铁路通信可分为长途通信、地区通信、区段通信网、站场通信网。

3. 按业务性质分类

铁路通信可分为公用通信、专用通信及数据传输等。

(二)现代通信技术

1. 光缆通信

光缆通信是一种利用光在光导纤维中传输的通信技术。它包括光发射机、光接收机和光导纤维(图7-12),光发射机把电信号变成光信号,使调制的激光进入像头发丝那样细的透明玻璃丝中(光导纤维)传到对方的光接收机,光接收机再把电信号转换为光信号,这样实现了通信任务。采用光缆可使通信容量大幅增加(理论上可传输1010个话路),并且光纤的主要原料是石英,取材容易,节省有色金属,光信号传输损耗小,光波频率远高于干扰信号的电磁波频率,光信号对电磁波的抗干扰能力强、传输质量好;此外光导纤维具有面积小、质量轻、保密性好等优点。我国将推广发展光缆数据传输新技术。

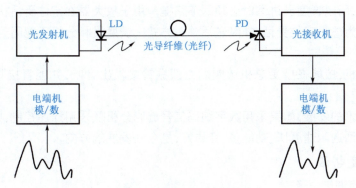

图 7-12 光纤通信系统的基本组成

2. 微波通信及卫星通信

微波是指波长为 1mm~1m 波段范围内的很短的电磁波,或相当于频率 300MHz(3×10^8Hz)至 3000MHz(3×10^{11}Hz)频率范围内的电磁波。

微波的特性和一般中波、长波、短波的特性不同。它的波段覆盖范围很宽,可以容纳较多的话路,由于它的波长很短,只要用几何尺寸较小的天线设备就能把无线电波集中在一个方向发射出去,微波碰到导体、水等有强烈的反射作用,它受电气干扰或自然界的雷电干扰较小。这些都是微波通信的优越性。

微波通信可以传送几千个话路,同时可以传送无线电广播及电视节目。数字微波系统容量更大,可以与光纤通信相媲美。它具有频带宽、容量大、抗干扰强、抗灾能力强、可维护性强、建设速度快、造价低和易加密的特点,是铁路干线长途通信网的重要组成部分。

卫星通信是指利用人造地球卫星作为中继站转发或反射无线电波,在两个或多个地球站之间进行的通信。它实际也是微波通信,由于它具有通信距离远,覆盖面积大,通信质量高等优点,在铁路上利用卫星通信可传输地震信息,解决灾害及事故现场的通信。同时,卫星通信也可用来实现各铁路局集团公司之间通信、会议电话和列车定位等。

二、铁路专用通信设备

1. 列车调度电话

列车调度电话供列车调度员与其管辖区段内所有的分机进行有关列车运行通话之用。在列车调度回线上,只允许接入与列车运行直接有关的车站值班员、车站调度员、机车调度员等的电话。列车调度电话的显著特点是调度员可以对个别车站呼叫,称作单呼;也可以对成组车站呼叫,称作组呼;或者对全部车站集中呼叫,称作全呼。列车调度员可以与车站互相通话,任何车站也可以方便地对列车调度员呼叫并通话。

我国铁路采用音频选号调度电话。利用音频作为选叫信号,总机呼叫分机只要按下按键即可。

调度电话总机的工作原理:调度员呼叫某一分机时,首先按压分机按钮,利用控制盘中的电子电话使振荡器起振,依次送出代表该分机的两个频率,线路上各分机经过选频以后,只有符合该两频率的一个分机振铃。在振铃期间有回铃信号通过外线回送到总机,调度员听到回铃声,表示该分机已经呼出,即踩下踏键和外线讲话。调度员停止讲话时,必须将踏键放开,才能听到分机的讲话。由于放大器单向工作,只能放大一个方向电流,放大相反方向的电流时必须将放大器换向,所以调度员讲话时必须踩下踏键。由于放大器在定位受话状态下工作,故将这种通话方式称为总机定位受话、操纵送话单工方式。调度员和分机不能同时发话,只能轮流对话。

调度电话分机,应能在接受总机选叫后立即振铃或发出音响,并能直接呼叫总机及进行通话。

随着通信技术的发展,如果采用数字编码信号选叫分机及采用程序控制,则是程控调度电话。程控调度电话选叫速度快、功能多、音质好,是今后发展的方向。

2. 无线调度电话

(1) 列车无线调度电话

列车有线调度电话仅供列车调度员和车站值班员之间进行通信联系,而列车无线调度电话则可供列车调度员、机车调度员、车站值班员等调度指挥人员和列车司机相互通话。这对于提高运输效率,缩短运行时间,及时掌握和调整列车运行都具有重大作用。同时,列车在运行过程中发生临时故障,或区间线路、桥梁出现不正常现象时,司机可以及时报告调度员或临近的车站值班员,也可直接通知邻近区段的司机,以便及时采取措施,更好地确保行车安全。

车站值班员和司机通话时,车站值班员的话音电流经车站固定电台调制后的高频能量,通过天线变换为电磁波能量向周围区间辐射,于是在此区间内被机车上的电台所接收,车站值班员和司机就能通话联络。

调度所调度员呼叫司机时,要通过车站的有线无线转接设备把调度控制台和车站天线连接起来,发出电磁波,进行通话。

司机呼叫调度所调度员,一种方式是自动转接;另一种方式是征得车站值班员的同意,由车站值班员按下专门的按钮,将车站的固定电台与调度所的通信线接通,然后司机才能和调度员谈话,以防止打扰调度员的工作。

(2) 站内无线调度电话

站内无线通信是为车站调度员、驼峰值班员等站内编组和解体作业的指挥人员和车站调车机车司机相互通话而设置的。

3. 专用电话系统

铁路专用电话系统是为铁路沿线各基层单位如车站、工区、领工区等相互间以及与基层系统的上级机构相互间联系使用,如车务专用电话、电务专用电话、工务专用电话、会议电话等。

4. 地区电话

地区电话是为同一城市中各铁路单位相互之间公务联系用的电话,即铁路部门的市内电话。

5. 局线和干线长途电话、电报

局线长途电话、电报是为铁路局集团公司范围内各单位相互之间公务联系用的通信设备。干线长途电话、电报是为国铁集团和铁路局及铁路局相互之间进行公务联系用的通信设备。

6. 列车确报电报、电话

列车确报电报电话是供相邻编组站及编组站与区段站之间及时传递有关列车编组信息,以便对方站能正确、及时地掌握车流的情况。

确报设备采用电传打字电报机,有条件时采用话路传真机。

7. 铁路站场通信系统

铁路站场通信也是铁路专用通信的一部分,它主要是解决站场工作人员相互联系通信的设备。它包括站场电话系统、站场扩音对讲装置、站场无线电话系统和客运广播系统。

(1)站场电话

站场电话供站内运输人员指挥站内行车和调车作业,以及联系车站日常运输组织工作之用。

(2)站场扩音对讲装置

站场扩音对讲装置包括行车作业使用的对讲设备和供调车作业使用的对讲设备,并且可向室外扩音。

(3)站场无线电话

站场无线电话是站场流动作业人员之间和流动人员与固定作业人员之间互相联系使用的设备,以便保证作业的安全和提高作业效率。

(4)客运广播系统

客运广播系统供客运作业人员使用。为了便于客运服务,客运扩音设备常采用分路输出,分别向候车室、各站台、站前广场等处进行广播,是客运站不可缺少的设备之一。

三 铁路专用移动通信系统 GSM-R

我国铁路无线通信包括机车综合无线通信设备、无线调度命令传送系统、TDCS 无线车次号校核系统、站场无线及各种单工通信系统、各种独立单工通信系统、集群移动通信系统、其他机车设备(机车安全信息综合监测装置、库检设备)。

(一)GSM-R 的基本概念

GSM 是一种基于时分多址(TDMA)方式的数字移动通信系统。它是最早投入商用的数字蜂窝系统,是 20 世纪 80 年代由欧洲提出来的,现已成为全球移动通信系统。

GSM 系统由移动台、基站子系统、网络子系统以及接口组成。移动台完成无线接入、间断接收和发送、加密等功能。基站子系统是 GSM 系统的最基本组成部分,它通过无线接口与移动台相接,负责无线接收发送和无线资源管理。网络子系统进行信息交换。

铁路移动通信的覆盖范围为铁路沿线的狭长地带和车站所在的区域。铁路移动通信的主要业务是列车无线调度电话、生产指挥通信。

GSM-R 也是列车自动控制的信息通道,地面信息通过无线通道传到车上,列车信息也通过无线通道传到地面。这样,就不需要轨道电路作为信息通道,不仅节省大量设备,减少维修工作量,而且使移动闭塞得以实现。

(二)GSM-R 系统构成

GSM-R 系统结构如图 7-13 所示。

系统主要组成部分:网络交换子系统、基站子系统、智能网系统、通用分组无线业务系统、运行与维护子系统、终端(固定终端:调度终端、车站终端、用户电话机;移动终端:由移动应用设备)和 SIM(用户识别)卡。网络交换子系统和基站子系统之间用光缆连接。

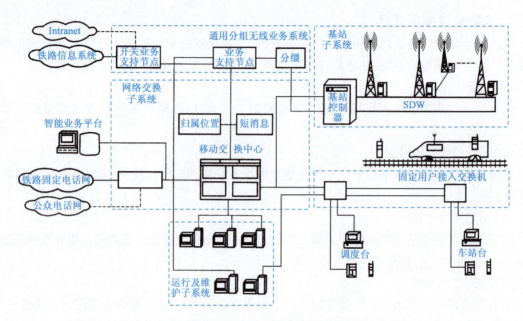

图 7-13 GSM-R 系统结构示意图

移动应用设备包括各类车载台和手持台。车载台包括机车综合无线通信设备、列控机车无线通信设备、机车同步操作机车无线通信设备、汽车车载台等。手持台包括作业手持台、通用手持台、调车手持台。其他移动应用设备包括移动调度台、固定移动终端（如监控设备）等。

(三) 系统功能

GSM-R 通信系统实现了如下功能。

1. 调度通信功能

调度通信系统业务包括列车调度通信、货运调度通信、牵引变电调度通信、其他调度及专用通信、站场通信、应急通信、施工养护通信和道口通信等。

2. 车次号传输与列车停稳信息的传送功能

车次号传输与列车停稳信息的传送对铁路运输管理和行车安全具有重要的意义，它可通过基于 GSM-R 电路交换技术的数据采集传输应用系统来实现数据传输，也可以采用 GPRS 方式来实现。

3. 调度命令传送功能

铁路调度命令是调度所里的调度员向司机下达的书面命令，它是列车行车安全的重要保障。采用 GSM-R 系统传输通道传输调度命令无疑将加速调度命令的传递过程，提高工作效率。

4. 列车尾部装置信息传送功能

将尾部风压数据反馈传输通道纳入 GSM-R 通信系统，可以方便地解决尾部风压数据传输问题。

5. 调车机车信号和监控信息系统传输功能

提供调车机车信号和监控信息传输通道，实现地面设备和多台车载设备间的数据传输，并能够存储进入和退出调车模式的有关信息。

6. 列车控制数据传输功能

采用 GSM-R 通信系统实现车地间双向无线数据传输,提供车—地之间双向安全数据传输通道。

7. 区间移动公务通信

在区间作业的水电、工务、信号、通信、供电、桥梁守护等部门内部的通信,均可以使用 GSM-R 作业手持台,作业人员在需要时可与车站值班员、各部门调度员或自动电话用户联系。紧急情况下,作业人员还可以呼叫司机,与司机建立通话联络。

8. 应急指挥通信话音和数据业务

应急通信系统是当发生自然灾害或突发事件等影响铁路运输的紧急情况时,在突发事件现场与救援中心之间,以及现场内部采用 GSM-R 通信系统,建立语音、图像、数据通信系统。

复习思考题

1. 铁路信号设备如何分类?
2. 铁路信号的作用是什么?如何分类?基本颜色的意义是什么?
3. 简述电磁继电器的作用、结构和工作原理。
4. 信号机如何分类?简述其作用和设置位置。
5. 信号表示器的主要种类有哪些?
6. 转辙机如何分类?
7. 简述轨道电路的作用和工作状态。
8. 什么是联锁?联锁的三个技术条件是什么?联锁设备如何分类?
9. 简述 6502 电气集中联锁设备组成、各部分的作用及工作原理。
10. 简述计算机联锁的设备组成。
11. 什么是闭塞?什么是半自动闭塞?半自动闭塞的技术要求是什么?
12. 什么是自动闭塞?自动闭塞的技术要求是什么?
13. 三显示和四显示自动闭塞的工作原理是什么?
14. CTCS 的含义是什么?其主要设备及功能有哪些?
15. 机车信号如何分类?各自的作用是什么?
16. ATP 的含义是什么?其主要功能有哪些?简述其两种模式。
17. 什么是行车调度控制系统?包括哪两种设备?
18. TDCS 的含义是什么?其主要功能有哪些?
19. CTC 的含义是什么?其主要功能有哪些?
20. 铁路通信系统如何分类?
21. 简述光缆通信的传输原理。
22. 微波通信的优越性有哪些?
23. 什么是卫星通信?
24. 铁路专用通信包括哪些设备?

25. 列车调度电话的显著特点有哪些?
26. 简述调度电话总机的工作原理。
27. 简述列车无线调度电话的作用。
28. GSM-R 的基本概念、系统基本功能有哪些?

第八章

铁路运输工作组织

铁路运输生产过程每一个环节的工作以及整个生产过程的计划、组织与指挥都属于铁路运输工作范围。它包括客运工作、货运工作和行车组织三个方面。一般来说，凡是处理有关旅客、行李和包裹等方面的工作，属于客运工作范围；凡是处理有关货物以及铁路和托运人、收货人关系方面的工作，属于货运工作范围；而处理运输过程中有关机车、车辆和列车的工作，则属于行车组织工作范围。

第一节　旅客运输组织

旅客运输是铁路运输的一个重要组成部分。随着我国社会主义建设的迅速发展，人民物质文化生活水平的不断提高，经由铁路运送的旅客人数大幅度增长。因此，做好铁路旅客运输工作，对于国家的经济建设、文化交流以及满足人民群众的生活需要，具有十分重要的意义。

铁路旅客运输工作组织要本着旅客至上的原则，坚持"人民铁路为人民"的服务宗旨，通过采用先进的技术装备和科学的管理方法，周密组织旅客运输，从而最大限度地满足广大人民群众在旅行上的需要，安全、迅速、准确、便利地运送旅客、行李、包裹和邮件，保证旅客在旅行途中舒适愉快并得到文化生活上的优质服务。

一、铁路旅客运输概述

做好铁路旅客运输组织工作，必须对客运市场、客流进行客观、准确地调查分析，科学预测运量，根据预测结果精心编制旅客运输计划，确定旅客列车的开行方案，实现高质量地运送旅客。

（一）客流

客流是指铁路某一方向上，一定时间内旅客的流量和流向，它由旅客运输的数量、行程和方向构成。根据旅客乘车距离和铁路局集团公司管辖范围，一般将客流分为以下两种。

（1）直通客流：旅客乘车距离跨及两个及以上铁路局集团公司的客流。

（2）管内客流：旅客乘车距离在一个铁路局集团公司范围内的客流。

（二）旅客列车的种类及车次

1. 旅客列车的种类

旅客列车按照列车的编组、旅行速度和运行要求的不同，分为动车组旅客列车、特快旅客列车、快速旅客列车、普通旅客列车及临时旅客列车。

2. 旅客列车的车次

为方便旅客区分列车种类及便于铁路人员的工作需要，需对每一列车编定一个识别码，即车次。旅客列车车次能反映其种类（直通列车或管内列车）、等级（快车或慢车）和运行方向（上行或下行）。原则上规定，以开往北京方向为上行方向，车次编为双数；背离北京为下行方向，车次编为单数。一趟旅客列车在运行途中变换上下行方向时，其车次也随之变换。

旅客列车种类及车次，见表8-1。

旅客列车种类及车次　　　　　　　　表 8-1

序号	列车种类		车次
1	高速动车组列车	跨局	G1 ~ G5998
		管内	G6001 ~ G9998
2	城际动车组列车	跨局	C1 ~ C1998
		管内	C2001 ~ C9998
3	动车组列车	跨局	D0001 ~ D3998
		管内	D4001 ~ D9998
4	直达特快旅客列车		Z1 ~ Z9998
5	特快旅客列车	跨局	T1 ~ T4998
		管内	T5001 ~ T9998
6	快速旅客列车	跨局	K1 ~ K6998
		管内	K7001 ~ K9998
7	普通旅客快车	跨三局及其以上	1001 ~ 1998
		跨两局	2001 ~ 3998
		管内	4001 ~ 5998
8	普通旅客列车	跨局	6001 ~ 6198
		管内	6201 ~ 7598
9	临时旅客列车	跨局	L1 ~ L6998
		管内	L7001 ~ L9998
10	临时旅游列车	跨局	Y1 ~ Y498
		管内	Y501 ~ Y998

(三) 旅客运输计划

编制旅客运输计划的目的是充分挖掘运输潜力,组织旅客均衡运输,提高客运服务质量,保证旅客安全、迅速、准确、便利地旅行。

旅客运输计划根据执行期的不同,可以分为以下 3 种。

1. 长远计划

长远计划一般为五年或更长时期的规划,是铁路旅客运输的发展计划。

2. 年度计划

年度计划是年度旅客运输的任务计划,是确定旅客列车行车量及客运运营支出计划的依据。

3. 日常计划

日常计划是日常旅客运输的工作计划,是实现年度计划的保证计划。

(四) 旅客运输合同

铁路旅客运输在法律上体现为铁路旅客运输合同关系。铁路旅客运输合同是明确承运人与旅客之间权利义务关系的协议。起运地承运人与旅客订立的旅客运输合同,对所涉及的承运人都有连带关系,具有同等约束力。

铁路旅客运输合同的基本凭证是车票,包括纸质车票和电子车票,纸质车票如图8-1所示。

图8-1 车票

电子客票是电子数据形式体现的铁路运输合同,旅客购电子客票后,铁路运输企业不再出具纸质车票。目前开通电子客票业务的车站G、D、C字头的列车均无"取票"这一环节。电子客票将纸质车票所承载的铁路旅客承运合同、乘车凭证、报销凭证功能相分离,以电子数据作为铁路旅客承运合同。

铁路旅客运输合同从售出车票时成立,自旅客进站检验车票为合同履行开始,至运输到票面指定到站,旅客出站时止,为合同履行完毕。

旅客运输生产过程

铁路旅客运输生产过程如图8-2所示。

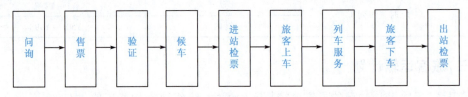

图8-2 铁路旅客运输生产过程

1. 问询

对于不了解铁路旅客运输相关内容的人们,要想乘坐旅客列车或办理行包运输,一般到问询处问询。问询处应耐心、细致地解答旅客提出的有关售票、乘车、托运行包等各种旅客运输问题,为旅客提供满意服务。

2. 售票

车票是旅客乘车的凭证,同时也是旅客加入铁路旅客意外伤害强制保险的凭证。铁路车票按使用分为直达票和通票两种。从发站至到站不需中转换乘的旅客应购买直达票,持直达票的旅客中途下车,未乘区段车票作废。从发站至到站需中转换乘的旅客应购买通票。铁路车票按性质分为客票和附加票两种。客票包括软座客票、硬座客票。附加票包括加快票、卧铺票、空调票。附加票是客票的补充部分,除儿童外,不能单独使用。为了方便旅客,简化发售手续,提高售票速度,铁路还专门印制了各种联合票以及临时填制的区段票和代用票。

3. 验证

车站办理实名制验证时,将对旅客、所持车票和票面所载的有效身份证件原件进行查验。

票、证、人不一致(含成年人持儿童票的情形)或无法出示有效身份证件原件的旅客,不得进站乘车。无法出示有效身份证件原件的旅客,可到车站铁路公安制证口办理乘坐旅客列车临时身份证明。

实名验证进站方式包括人工验证和自助验证。

人工验证是通过铁路客运人员利用验证系统将身份证件、车票、人脸进行信息采集比对,三者缺一不可,完成进站实名验证手续。如若乘车证件无法在自助验证闸机上识别时,以及遇到携带大行李、老幼病残孕等行动不便的旅客,也可以从人工通道验证进站。

自助验证是一种高效的验证进站方式,是运用人脸识别技术通过自助验证闸机,实现自助式"票证人"核验。

4. 候车

候车室是旅客休息和等候乘车的场所。车站昼夜都有大量的旅客,而且流动性很大,必须为旅客创造一个良好舒适的候车环境。候车室一般实行凭票候车。

为了维护站车的良好秩序,确保运输安全,方便旅客进出站、上下车,一般在旅客进入候车室之前需对旅客的随身携带品进行检查。旅客不得携带国家禁止或限制运输的物品、危险品、动物及妨碍公共卫生、能够损坏或污染车辆等物品进站上车。

此外,每一个成人旅客可免费携带物品20kg,儿童(含免费儿童)10kg,外交人员(持外交护照者)35kg;旅客携带品的外部尺寸,每件长、宽、高之和不得超过160cm,对杆状物品不得超过200cm。残疾人旅行时代步的折叠式轮椅可免费携带不计入上述范围。

5. 检票

为维护站车秩序,保证旅客安全,防止旅客乘错车,车站对进站的旅客和人员持有的车票、站台票要检验或加剪。在确认车票有效后,在车票上留下标记,表明铁路旅客运输合同开始履行。

正常情况下,磁性车票使用自动检票机检票;非磁性车票采用人工检票,一般要在车票边沿上加剪一个小口作为检票的标记。

6. 旅客上、下车

上、下车极易发生事故,为确保旅客安全,客运人员应有序组织旅客上、下车,做好进、出站引导工作,派人坚守检票口、天桥口、地道口及进站或出站通路交叉地点,严禁旅客钻车和横跨股道。车门验票工作由各列车乘务员负责。

7. 列车服务

列车乘务人员应主动、热情、文明、礼貌地为旅客服务,妥善照顾旅客乘降,及时安排旅客席位,尽可能解决旅客途中困难。保持车厢内清洁卫生,维护车内秩序,做好广播宣传、餐饮和开水供应工作,保障旅客人身财产安全,保证列车运行安全。

列车服务工作由列车乘务组担当。列车乘务组包括客运人员(列车长、列车员、广播员、行李员、餐车服务员等)、公安乘警(乘警长、乘警等)和车辆乘务员(检车长、检车员、车电员等)三部分人员。列车乘务组在列车长的统一领导下,相互密切配合,共同做好列车服务工作。

8. 出站

旅客到达到站出站时,车站检验车票,对符合乘车条件的旅客放行出站;对不符合乘车条件的旅客,办理补齐手续后放行出站。

磁性车票使用自动检票机检票;非磁性车票采用人工检票。

动车组列车旅客运输

2007 年 4 月 18 日,在既有线上开行的动车组列车,采用了先进的运营管理和服务模式,树立"以人为本,旅客至上"的服务理念,创造了 CRH 动车组列车全新的品牌形象。而后,设计制造了具有完全自主知识产权、达到世界先进水平的中国标准动车组,2017 年 6 月 25 日,其被正式命名为"复兴号"。"复兴号"有 CR400AF 和 CR400BF,CR 系列是动车组列车品牌发展的一次里程碑。动车组列车除按一般列车的组织办法运送旅客外,执行下列规定。

1. 售票

动车组列车车票最远发售至本次列车终点站,并于当日当次有效(在铁路运输企业管内运行距离不超过 200km 的动车组列车车票有效期由企业自定)。为方便旅客购票,车站采用多点分布和多样化的售票方式,包括自动售票机售票、网上购票等。

2. 候车

有条件的车站可设置动车组专用候车室(区域)和专用进站通道,专用候车室(区域)设置服务接待处,及时解决旅客需求。

旅客携带品的外部尺寸,每件长、宽、高之和不得超过 130cm,质量不超过 20kg,超过规定尺寸或质量的物品应办理托运。

3. 检票

车站设置自动检票机时,自动检票机的数量和布局应当与车站设施设备、车站最高聚集人数相协调,有利于划分动车组旅客专用区域和通道,并满足旅客快速进、出站的需要。使用自动检票机的车站应同时留有人工通道,客运人员应指导旅客使用自动检票机。持电子客票的旅客们可凭手机 12306App 动态二维码,或者购票时使用的乘车人有效身份证件原件进行检票,旅客将证件放置在验证区域后,目视刷脸摄像头,即可通过闸机。如果旅客需要打印乘车凭条,在自动售票机上操作或是去车站售票窗口打印即可。使用其他自动检票机不能识别的证件来购买电子客票的旅客,需提供购票时使用的乘车人有效身份证件原件,通过人工通道办理进出站手续。

4. 旅客上、下车

动车组应当接入固定站台并停于固定位置。站台上应以颜色区别车型标出车门位置,划出旅客上下车指示线,站车有关工种应当紧密配合,组织旅客按照车厢号在车门位置处排队等候,上、下车旅客分开,有序乘降。

动车组车门验票工作由车站负责,通道和站台专用的车站可以不在车门验票。

5. 列车服务

列车乘务组由列车长、列车员、乘警和随车机械师组成。列车乘务组人员接受列车长统一领导,良好完成本岗位工作。保洁、餐饮公司派员随车服务时,其员工视同列车乘务组成员,接受列车长统一领导。

客运乘务组主要承担服务旅客、查验车票、处理票务、列车运行中卫生清洁和车厢保洁工作,提供餐饮售卖服务。发生影响旅客安全问题时,客运乘务组应当立即采取有效措施,保护旅客安全。

6. 出站

车站对出站的旅客和人员按规定检票出站,对不符合乘车条件的旅客(包括车票和携带品)按规定补办相应手续后放行出站。

四 行李、包裹运输

(一)行李、包裹的范围

1. 行李范围

行李是指旅客自用的被褥、衣物、个人阅读的书籍、残疾人车(每张客票限1辆并不带汽油)和其他旅行必需品。另外,凭地、市级以上文化行政部门证明和《营业演出许可证》要求托运的文艺团体演出器材也可按行李运输。

为保证安全、贯彻国家有关运输政策,行李中不得夹带货币、证券、珍贵文物、金银珠宝、档案材料等贵重物品和国家禁止、限制运输物品、危险品。

行李每件最大质量为50kg,体积以适于装入行李车为限,但最小不小于$0.01m^3$。

2. 包裹范围

包裹是指适合在旅客列车行李车内运输的小件货物。包裹按货物品名分为四类。

(1)一类包裹:自发刊日起5d以内的报纸;中央、省(自治区、直辖市)政府宣传用非卖品;新闻图片和中、小学生课本。

(2)二类包裹:抢险救灾物资、书刊、鲜或冻鱼介类、肉、蛋、奶类、果蔬类。

(3)三类包裹:不属于一、二、四类包裹的物品。

(4)四类包裹:一级运输包装的放射性同位素、油样箱、摩托车;泡沫塑料及其制品;国务院铁路主管部门指定的其他需要特殊运输条件的物品。

另外,为保证安全,有些物品不能按包裹运输,如危险品。

包裹每件的体积、质量的规定与行李相同。

3. 快运包裹的范围

快运包裹是铁路运输的一种方式,业务全称为"小件货物特快专递运输服务",简称中铁快运,注册商标为"CRE中铁快运",业务性质为运输服务业。

快运包裹以铁路为主要运输工具,配合航空、公路、海运开展综合运输,辅以汽车运输实行门到门服务,同时根据国家主管部门批准的国际货物运输代理经营权,开展国际运输,以满足顾客不同的需求。

快运包裹外部尺寸长宽高之和不得小于0.6m,货物外部的最大尺寸应不超过长3m、宽1.5m、高1.8m,超过时应先与中转机构或到达机构协商,同意后方能办理,并根据快运包裹的外部尺寸及质量选择合适的运输工具。每件最大质量一般不得超过50kg,超过时按超重快运包裹办理。

(二)行李、包裹的运送

1. 托运

旅客或托运人向车站要求运输行李或包裹称为托运。

旅客托运行李时,必须提出有效的客票和行李包裹托运单(表8-2)。旅客凭客票在乘车区段内,可从任何营业站托运至另一营业站,但每张客票仅限托运一次(残疾人用车除外)。

行李包裹托运单　　　　　　　　　　　　　　　表 8-2

中铁快运股份有限公司

托 运 单

（甲联）

（黑框内由托运人填写）　　20　　年　　月　　日

到站：			经由：		承运人确认事项			
持票旅客请填写	客票票号：		人数：		票号：			
	车次：		客票到站：					
货物名称	包装种类	件数	质量(kg)	体积(长×宽×高)	声明价格(保价)	件数	质量(kg)	行李 / 包装
								☐ ☐
								☐ ☐
								☐ ☐
合　计								☐ ☐

选择填写	付款方式	现金☐　支票☐　协议☐　到付☐	包 装 费	元
	取货方式	凭原件提取☐　　凭传真件提取☐	取 货 费	元
	服务要求	送货上门☐　货需包装☐　仓储保管☐　代发传真☐	代收送货费	元

发送地	
到达地	

托运人	名称：	
	地址：	
	邮编：	电话：
	传真电话：	电子邮件：

收货人	名称：	
	地址：	
	邮编：	电话：
	电子邮件：	传真电话：

托运人记事：	承运人记事：
取货员(章)：	安检员(章)：

托运人注意：在填写托运单前,请详细阅读乙联背面"客户须知",并在下面签字。

托运人：＿＿＿＿＿＿＿　　　　　　　　　　　　　　　　　　营业部(章)

旅客托运包裹时,应提出行李包裹托运单。托运某些特殊物品时,还应提出规定部门签发的运输证明;如托运金银珠宝、货币、证券,应提出中国人民银行的正式文件或当地铁路公安局或公安处的免检证明。

行李、包裹运输方式分为保价运输和不保价运输,旅客或托运人可选择其中一种运输方式,并在托运单上注明。参加保价运输的行李、包裹,需交纳保价费。车站对保价运输的行李、包裹可以检查其声明价格与实际价格是否相符,如旅客或托运人拒绝检查,则不能按保价运输办理。

2. 承运

车站行李员应对要求托运的行李、包裹进行必要的检查。当检查完后,认为符合运输条件,即可办理承运手续,即填制行李、包裹票或中国铁路小件货物快运运单(一式五页,甲页为上报页,上报用;乙页为运输报单,随行包走;丙页为旅客页,交托运人作为领货凭证;丁页为报销页,交托运人作为报销凭证;戊页为存查页),核收运杂费。车站行李员将填制好的行李(或包裹)票的丙页和丁页交给旅客(或托运人)后,即为承运。

3. 运送

运送行李、包裹时,应先行李、后包裹,做到行李随人走、人到行李到。所以,行李应随旅客所乘列车装运或提前装运,包裹应按其类别的顺序及性质统筹安排运输,保证行李、包裹在一定期限(即行李、包裹运到期限)内运至到站。

4. 到达、保管、交付

行李随旅客所乘坐的列车运至到站,旅客即可领取。包裹由托运人在发站办理托运手续后,将包裹票丙页领货凭证送交收货人,并告知收货人按时领取,同时承运人在包裹到达后也应及时通知收货人领取。铁路对到达的行李、包裹免费保管3d(行李从运到日起,包裹从发出通知日起);逾期到达的行李、包裹免费保管10d。超过免费保管期限时,按超过天数核收保管费。

五、旅客运输安全

(一)旅客安全运输的意义

旅客运输安全是关系到人民生命财产以及国家和铁路企业声誉的大事。因此,保证旅客安全运输是我国铁路运输组织的基本原则之一,是客运职工的首要职责,是衡量旅客运输工作质量好坏的重要标志。客运职工要树立"安全生产人人有责"的思想,贯彻"安全第一,预防为主"的生产方针,确保旅客运输安全。

(二)铁路客运事故

铁路客运事故分为旅客人身伤害事故和行李、包裹运输事故。

1. 旅客人身伤害事故

凡持有效车票的旅客,经检票口进站检票开始,至到达终点站验票出站时止(持通票中转下车的旅客自出站至再次进站期间除外),在旅行途中遭到外来、剧烈及明显的意外伤害(包括战争所致者在内),致使旅客人身受到伤害以至死亡、残废或丧失身体机能者,均属于旅客人身伤害事故。

旅客人身伤害事故分为轻伤事故、重伤事故、一般伤亡事故、重大伤亡事故、特大伤亡事故和特别重大伤亡事故六类。

发生旅客人身伤害事故时,应根据《铁路旅客人身伤害及携带品损失处理暂行办法》的有关规定进行处理。车站、列车人员均应本着对人民生命健康高度负责的精神,采取有利于抢救的措施,尽力予以救助。事故发生单位和事故处理单位应依照实事求是、依法办事的原则,积极负责地处理事故。

2.行李、包裹运输事故

行李、包裹在运输过程中(自承运时起至交付完毕时止)发生灭失、短少、变质、污染、损坏以及严重的办理差错,均属于行李、包裹运输事故。

行李、包裹运输事故种类分为:

(1)火灾;

(2)被盗(有被盗痕迹);

(3)丢失(全批未到或部分短少,没有被盗痕迹的);

(4)损坏(破损、湿损、变形等);

(5)误交付;

(6)票货分离、票货不符、误装卸或顶件运输;

(7)其他(污染、腐坏等)。

行李、包裹运输事故分为重大事故、大事故和一般事故三个等级。

发生行李、包裹运输事故时,应认真分析调查,及时正确处理,明确责任,制订改进措施,并根据《行李包裹事故处理规则》的有关规定进行处理。

第二节 货物运输组织

铁路货物运输组织工作是铁路运输组织工作的一个重要组成部分。由于货运工作涉及面广、政策性强、办理复杂,做好货物运输组织工作,对于国家经济建设、国防建设和人民生活都具有重要的意义。

一、货物运输概述

(一)铁路货物运输合同

1.铁路货物运输合同概述

铁路货物运输合同是铁路承运人利用铁路运输工具将货物从发站运往到站,托运人或收货人支付运输费用的合同。

铁路货物运输合同明确了承运人与托运人、收货人在铁路货物运输过程中的权利、义务。

铁路货物运输合同采用标准合同的形式,双方当事人只需填写其中的空项,不能商定合同的条款。

货物运输合同的履行都要经历承运、运送和交付三个阶段。承运阶段,托运人向承运人交运货物,双方就铁路货物运输而签订铁路货物运输合同;运送阶段,承运人运送货物,将货物运至到站;交付阶段,承运人将货物交付给合同规定的收货人,双方完成运输合同。

2. 文件

(1)大宗货物运输,按季度、半年度或年度签订的运输合同及铁路货物运输服务订单(整车),作为运输合同文件。

(2)其他整车货物运输,应按月签订运输合同。

(3)零担货物和集装箱货物运输,铁路货物运输服务订单(零担、集装箱、班列)及货物运单作为运输合同文件。

铁路货物运输服务订单(整车),见表8-3;货物运单,见表8-4。

铁路货物运输服务订单(整车)　　　　　　　　　　　　　　　表8-3

提表时间: 年 月 日							年　　　月份						
							发 站	名称 _____ 略号 _____					
要求运输时间: 日至 日							发货单位盖章	省/部名称 _____ 代号 _____					
受理号码:								发货单位名称 _____ 代号 _____					
								地址 _____ 电话 _____					
顺号	到局: 代号:			收货单位		货物品名		车种代号	车数	特征代号	换装港	终到港	报价(元/t)(元/车)	备注
	到站	到站电报略号	专用线名称	省/部名称 代号	名称 代号	名称 代码	吨数						
供托运人资源选择的服务项目(由托运人填写,需求的项目打√)						说明或其他要求事项		承运人签章					
□1.发送综合服务　　　□5.清运、消纳垃圾 □2.到达综合服务　　　□6.代购、代加工装载加固材料 □3.仓储保管　　　　　□7.代对货物进行包装 □4.篷布服务　　　　　□8.代办一关三检手续													
						□保价运输		年 月 日					
说明:1.涉及承运人与托运人、收货人的责任和权利,按《铁路货物运输规程》办理。 　　2.实施货物运输,托运人还应递交货物运单,承运人应按报价核收费用,装卸等需发生后确定的费用,应先列出项目,金额按实际发生核收。 　　3.用户发现超出国家发改委、中国铁路总公司、省级物价部门公告的铁路货运价格及收费项目、标准收费的行为和强制服务、强行收费的行为,有权举报。 　　　举报电话:　　　　　　　　　　物价部门　　　　　　　　　　铁路部门													

铁路货物运单格式　　　　　　　　　　　　　　　表8-4

序号	各联名称	领收人	用　途	备注
第1联	货物运单正本(发站存查联)	发站	发站留存的已生效的运输合同	相同的运单号
第2联	货物运单副本(收款人报告联)	发站	发站收款的已生效的运输合同(财务凭证)	
第3联	货物运单正本(托运人存查联)	托运人	托运人留存的已生效的运输合同	
第4联	货物运单副本(到站存查联)	到站	到站留存的已生效的运输合同	
第5联	货物运单副本(收货人存查联)	收货人	收货人留存的已生效的运输合同	
第6联	货物运单副本(领货凭证联)	收货人	收货人在到站办理领货的凭证	
第7联	货物运单(需求联)	发站	记录客户提报需求,发站留存	无运单号

3. 货物运单

铁路货物运单(图8-3),是铁路货物运输合同或运输合同的组成部分,也是铁路收取货物运输费用的结算单据之一,是一整套票据,由带编号的6联和不带编号的需求联组成,见表8-4,可以按照需求分别打印各联。

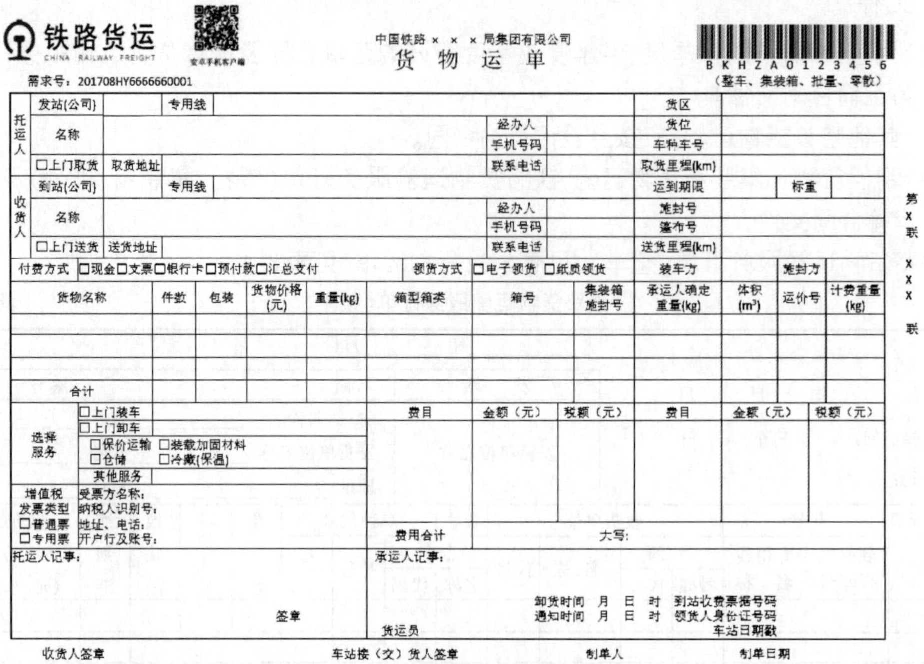
铁路货运 CHINA RAILWAY FREIGHT
安卓手机客户端
中国铁路×××局集团有限公司
货 物 运 单
BKHZA0123456
（整车、集装箱、批量、零散）
需求号：201708HY6666660001

托运人：发站(公司) | 专用线 | 货区
名称 | 经办人 | 货位
手机号码 | 车种车号
□上门取货 | 取货地址 | 联系电话 | 取货里程(km)
收货人：到站(公司) | 专用线 | 运到期限 | 标重
名称 | 经办人 | 施封号
手机号码 | 篷布号
□上门送货 | 送货地址 | 联系电话 | 送货里程(km)
付费方式 □现金□支票□银行卡□预付款□汇总支付 | 领货方式 □电子领货 □纸质领货 | 装车方 | 施封方

货物名称	件数	包装	货物价格(元)	重量(kg)	箱型箱类	箱号	集装箱施封号	承运人确定重量(kg)	体积(m³)	运价号	计费重量(kg)
合计											

选择服务：□上门装车 □上门卸车 □保价运输 □装载加固材料 □仓储 □冷藏(保温) 其他服务
| 费目 | 金额（元） | 税额（元） | 费目 | 金额（元） | 税额（元） |
增值税发票类型 □普通票 □专用票 | 受票方名称： 纳税人识别号： 地址、电话： 开户行及账号：
费用合计 | 大写：
托运人记事： 签章
承运人记事： 卸货时间 月 日 时 通知时间 月 日 时 到站收费票据号码 领货人身份证号码 车站日期戳 货运员
收货人签章　车站接（交）货人签章　制单人　制单日期
第×联 ×××联

图 8-3　货物运单

(二)货物运输的种类

根据托运人托运货物的质量、体积、性质、形状和运输条件等,结合我国铁路技术设备条件,铁路货物运输分为整车、零担和集装箱运输 3 种。

1. 整车运输

一批货物的质量、体积或形状需要以一辆及以上货车运输的,应按整车托运。按一批托运的货物,必须托运人、收货人、发站、到站和装卸地点相同(整车分卸货物除外)。

2. 零担运输

凡不够整车运输条件的,即一批货物的质量、体积或形状都不需要单独使用一辆货车来运输的货物应按零担货物托运。按零担托运的货物,一件货物体积最小不得小于 0.02m^3(一件质量在 10kg 以上的除外),每批不得超过 300 件。

3. 集装箱运输

托运人托运的货物,符合集装箱运输条件的,使用铁路集装箱或自备集装箱装运,可按集装箱托运。集装箱运输只能在铁路开办集装箱业务的车站间办理。

集装箱运输具有保证货运安全,简化货物包装,提高装卸效率,加速车辆周转,便于组织“门到门”运输等优点,是一种现代化的运输方式,是铁路运输的发展方向。

(三)按一批托运的条件

“一批”是铁路运输货物和计算运输费用的一个单位,具体规定是:

(1)整车货物每车为一批,跨装、爬装及使用游车的货物,每一车组为一批。

(2)零担货物或使用集装箱运输的货物,以每张运单为一批。

按一批托运的货物,必须托运人、收货人、发站、到站和装卸地点(整车分卸货物除外)相同。

(四)货物运到期限

货物运到期限从承运人承运货物的次日起算,由货物的发送时间、运输期间和特殊作业时间三部分组成。

承运人应在规定的运到期限内将货物运至到站交付给收货人,逾期到达就要承担违约责任,支付最高不超过运费20%的违约金。

二、货物运输生产过程

货物运输生产过程可分为发送作业、途中作业和到达作业三部分。

(一)发送作业

货物的发送作业一般包括货物的托运、受理、进货与验货、承运和装车作业。

1. 托运

托运人向车站按批提出填写完整的货物运单和运输要求,称为货物的托运。按照是否办理保价运输,托运人托运的货物,分为保价运输与保险运输两种,按哪种方式运输,由托运人确定,并在货物运单托运人记载事栏内注明。

2. 受理

托运人提出填写完整的货物运单经车站审查,按要求填写并符合运输要求后,车站在货物运单上签证指定进货日期或装车日期,即为受理。

3. 进货与验货

托运人凭车站签证后的货物运单,按运单上指定的日期将货物搬入货场指定的货位,即为进货。

对搬入货场的货物,为了保证货物运输安全、完整,划清承运人与托运人之间的责任,货运员应按照货物运单记载认真检查现货,即为验货。货物验收完毕后,货运员应在货物运单上签证,注明货物堆放货位和验收完毕日期。

4. 承运

整车货物装车完毕并接收运费后,发站在货物运单上加盖车站日期戳时起,即为承运。此时,货物运输合同成立,承运人、托运人双方就要分别履行运输合同的权利、义务和责任。承运后,托运人应及时将领货凭证寄交收货人,便于收货人及时领取货物。

5. 装车

装车作业是铁路货物运输工作的一个重要环节。货物的装车作业,应在保证货物安全的条件下,积极组织快装、快卸,昼夜不间断地作业,以缩短货车停留时间,加速货物运输。装车有以下要求:

(1)装车前,必须对货车进行技术检查和货运检查,确保行车安全和货物运输安全。

(2)装车时,必须核对运单、货票、实际货物,保证运单、货物"统一",认真监装,努力提高装车质量,巧装满载,充分利用车辆的载质量和有效容积。

(3)装车后,要认真检查重车、运单、货位,保证装车质量。

(二)途中作业

货物在途中的作业主要包括货物的交接检查、货物的换装整理、货物运输合同的变更和解除,以及运输阻碍的处理等。

1. 货物的交接检查

为了保证行车安全和货物的安全、完整,明确各自的责任,列车和车站(车务段)各工种之间对运输中的货物(车)和运输票据,应进行交接、检查,并按规定处理。

2. 货物的换装整理

货物的换装整理是指装载货物的车辆在运送过程中,发生可能危及行车安全和货物完整时,所进行的更换货车或货物的整理作业。

3. 货物运输合同的变更和合同解除

托运人或收货人由于特殊原因,对承运后已经装车挂运的货物,可按批向货物所在的中途站或到站提出变更到站、变更收货人,即为货物运输合同的变更。

托运人对承运后装车前(整车货物和大型集装箱在承运后挂运前)的货物可向发站提出取消托运,经承运人同意,货物运输合同即告解除。

4. 运输阻碍的处理

因不可抗力的原因致使行车中断,货物运输发生阻碍时,铁路局集团公司对已承运的货物,可指示绕路运输;或者,在必要时先将货物卸下,妥善保管,待恢复运输时再行装车继续运输。因货物性质特殊,绕路运输或卸下再装,可能造成货物损失时,车站应联系托运人或收货人提出处理办法。

(三)到达作业

1. 重车和票据的接收

重车到达到站后,车站应按规定接收重车及票据。车站有关人员检查核对无误后,将到达票据送交货运室。

2. 卸车作业

做好卸车工作有以下要求:

(1)卸车前,要认真检查货位、运输票据和现车,做好卸车的准备工作。

(2)卸车时,必须核对运单、实际货物,认真监卸,发现货物有异状,要及时按章处理。

(3)卸车后,进行车辆、线路的清扫,卸后货物的登记、货物安全距离检查等工作;并将卸完时间通知货运室,并报告货物调度员,以便取车。

3. 货物的到达通知和保管

承运人组织卸车的货物,到站应不迟于卸车完毕的次日内,向收货人发出领货通知并记录,通知的方法和时间,收货人也可以到站商定。

货物运抵到站,收货人应及时领取,将货物搬出货场。未按有关规定将货物搬出,对其超过的期间核收货物暂存费。

4. 交付

收货人凭纸质领货凭证领货的,收货人为个人时,还需提供收货人身份证;收货人为单位时,还需提供委托书和经办人身份证。承运人在收货人办完货物领取手续和支付费用后,应将货物连同运单一并交给收货人。

承运人组织卸车的货物和发站由承运人组织装车、到站由收货人组织卸车的货物,在向收货人点交货物或办理交接手续后,即为交付完毕;发站由托运人组织装车,到站由收货人组织卸车的货物,在货车交接地点交接完毕,即为交付完毕。交付完毕,运输合同的权利义务终止。

三、铁路集装运输

(一) 集装箱运输

1. 集装箱的定义

集装箱是一种运输设备,也可以说是货物运输过程中一种供重复使用的大型容器,如图8-4所示。

2. 集装箱的类型

集装箱可按箱型、箱主、所装货物和箱体结构等进行分类。

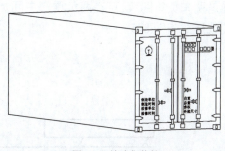

图 8-4 铁路集装箱

$$\begin{cases} 按照箱型分 \begin{cases} 20ft \\ 40ft \end{cases} \\ 按照箱主分 \begin{cases} 铁路集装箱 \\ 自备集装箱 \end{cases} \\ 按箱体结构分 \begin{cases} 普通集装箱 \begin{cases} 通用箱 \\ 专用型(封闭式通风箱、敞顶箱、台架箱、平台箱) \end{cases} \\ 特种集装箱(保温箱、罐式箱、干散货物箱和货物名称命名箱) \end{cases} \end{cases}$$

(二) 集装化运输

1. 集装化运输的定义

凡使用集装用具或自货包装、捆扎等方法,将散装、小件包装、不易使用装卸机械作业的货物,按规定集装成特定的单元后,经由铁路运输的,称为集装化运输。

2. 集装化运输形式

集装化运输形式主要有集装盘、集装笼、集装桶、集装袋、集装夹、集装网、集装捆、集装架、预垫运输、铸件改形、拆解运输等。

四、"三超一重"货物运输

铁路对运输的超限货物、超长货物、超重货物和集重货物统称为"三超一重"货物。办理"三超一重"货物的托运人、承运人必须取得相应的资质许可。

(一) 超限货物运输

货物装车后,车辆停留在水平直线上,货物的任何部位超出机车车辆限界基本轮廓者或车辆行经半径为 300m 的曲线时,货物的计算宽度超出机车车辆限界基本轮廓者,均为超限货物。

(二) 超长货物运输

一件货物由于长度或质量的原因,使用两辆及两辆以上的平车装运,此货物称为超长货物。

超长货物装载方法有两种:一种是一车负重装载,在负重车的一端或两端使用游车;另一种是两车负重跨装,可在两负重车中间加挂游车或在负重车的一端、两端加挂游车。超长货物装载形式如图 8-5 所示。

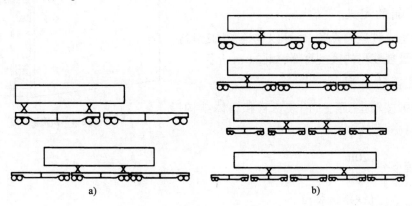

图 8-5 超长货物装载形式
a) 一车负重装载;b) 两车负重跨装

(三) 超重货物运输

超重货物是指货物装载后,重车总重活载效应超过桥涵设计活载标准(中—活载)效应的货物。

(四) 避免集重装载货物运输

1. 集重装载货物的含义

一件货物的质量大于所装车辆负重面长度的最大容许载质量的货物称为集重装载货物。

"支重面长度"是指支撑货物质量的货物底面积的长度。"负重面长度"是指货车地板承担货物质量的长度。当货物直接装在车底板上,货物有多长的"支重面",车辆用多长的"负重面"承担货物质量。

2. 避免集重装载的方法

对于给定的货物,其质量和支重面长度是不变的。是否是集重装载货物,可根据使用车型、车辆负重面长查《铁路货物装载加固规则》附表 2～附表 8 平车、凹底平车、长大平车局部地板承受均布载荷或对称集中荷载时容许载质量表,确定此时车辆的最大容许载质量,与货物质量相比即可判定。若货物质量小于所装车辆负重面长度的最大容许载质量时,可直接装载;否则,应采用下列避免集重装载的方法:

(1)当货物支重面长度小于所装车辆需要的负重面长度,而大于两横垫木中心线之间的最小距离时,可在货物底部铺设两根横垫木。

(2)当货物支重面长度小于所需两横垫木中心线之间的最小距离时,可按需要先铺设两根横垫木,然后在横垫木上加纵垫木,将货物均衡地装在纵垫木上。

五 危险货物运输

(一) 危险货物的定义

在铁路运输中,凡具有爆炸、易燃、毒害、感染、腐蚀、放射性等特性,在运输、装卸和储存保管过程中,容易造成人身伤亡和财产毁损而需要特别防护的货物,均属于危险货物。

(二) 危险货物的分类

(1)爆炸品;
(2)气体;
(3)易燃液体;
(4)易燃固体、易于自燃的物质、遇水放出易燃气体的物质;
(5)氧化性物质和有机过氧化物;
(6)毒性物质和感染性物质;
(7)放射性物质;
(8)腐蚀性物质;
(9)杂项危险货物和物品。

六 鲜活货物运输

1. 鲜活货物的定义

鲜活货物是指在铁路运输过程中需要采取制冷、加温、保温、通风、上水等特殊措施,以防止腐烂变质或病残死亡的货物;托运人认为需按鲜活货物运输条件办理的货物。

2. 鲜活货物的分类

鲜活货物分为两大类,一类是易腐货物,包括肉、鱼、蛋、奶、鲜水果、鲜蔬菜、冰、鲜活植物等;另一类为活动物,包括禽、畜、兽、蜜蜂、活鱼以及鱼苗等。

七 铁路货运损失

(一) 货物安全运输的意义

货物安全运输是铁路货物运输工作的组成部分。搞好货物安全运输,对国民经济的发展和人民生活改善及国防建设都具有十分重要的意义。

(1)安全运输是铁路应当履行的义务。
(2)安全运输是铁路货物运输服务质量的重要体现。
(3)安全运输是国民经济发展和国防建设的需要。

(二)货物损失的种类和等级

1. 货物损失的定义

货物在铁路运输过程中(自铁路运输企业接收货物时起至将货物交付收货人时止)发生灭失、短少或者损坏属于货物损失。

2. 货物损失的种类

为便于货物损失统计和调查处理,按货物损失性质的不同,可将货物损失分为火灾、被盗、丢失、损坏和其他等五类。

(1)火灾。
(2)被盗(有被盗痕迹)。
(3)丢失(全批未到或部分短少、漏失,没有被盗痕迹)。
(4)损坏(破裂、变形、磨伤、摔损、部件破损、湿损、冻损、腐烂、植物枯死、活动物死亡、变质、污染、染毒等)。
(5)其他(办理差错及其他原因造成的货物损失)。

3. 货物损失等级

货物损失分为四级:
(1)一级损失:货物损失款额(以下简称损失款额)10万元以上的。
(2)二级损失:损失款额1万元以上未满10万元的。
(3)三级损失:损失款额1000元以上未满1万元的。
(4)轻微损失:损失款额未满1000元的。

第三节 铁路行车组织

铁路行车组织是铁路运输组织的重要组成部分,是铁路综合运用各种技术设备、合理组织列车运行、实现旅客和货物运输过程的计划和组织工作。

一、列车的编组

(一)列车概念

1. 列车的定义

将车辆按规定条件编成车列,并挂上机车及规定的列车标志后,称为列车。动车组列车为自走行固定编组列车。

一般来说,列车必须具备三个条件:
(1)按有关规定编成的车列;
(2)挂有牵引本次列车的机车;

(3)有规定的列车标志。

单机(包括单机挂车)、大型养路机械及重型轨道车,虽然未完全具备列车条件,但是在办理闭塞及接发列车手续、在区间被迫停车后的防护及处理、服从行车调度指挥,以及发生铁路交通事故处理等方面,均应按列车运行的规定办理。

2. 列车的分类

为适应旅客和货物运输的不同需要,列车按运输性质的分类如下:

(1)旅客列车(包括动车组列车、特快、快速、普通旅客列车、旅游列车、临时旅客列车、通勤列车等)

旅客列车是以客车(包括动车组)编组,为运送旅客、行李、包裹、邮件的列车。

(2)特快货物班列

特快货物班列是指使用行李车或邮政车等客车车辆,根据需要编组,整列装在行李、包裹和邮件等的列车。特快货物班列在固定发到站间,有固定的车次和运行线、明确的开行周期和运行时刻,按客车化模式组织开行。

(3)军用列车

军用列车是指专为输送军事人员或军用物资而开行的列车。

(4)货物列车(包括快速货物班列、快运、重载、直达、直通、冷藏、自备车、区段、摘挂、超限及小运转列车等)

货物列车按其组织地点及运行距离分类示意图,如图8-6所示。

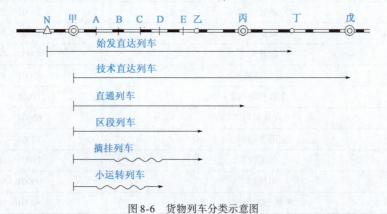

图8-6 货物列车分类示意图

(5)路用列车

路用列车是专为运送铁路自用物资或设备而开行的列车。如试验列车,运送铁路器材、路料的列车,因施工、检修需要开行的轨道车、接触网作业车、大型养路机械等。

3. 列车的车次

为便于计划安排和管理列车运行情况,各类列车均应有固定车次。根据列车的车次能够辨别该次列车的种类、等级和运行方向。

为确保列车车次全路统一性及有关行车设备和信息系统正常运行,列车车次仅限于使用大写汉语拼音字母和阿拉伯数字。旅客列车车次在全路范围、货物列车车次在铁路局管内不得重复。旅客列车车次由中国铁路总公司确定,各局管内划分的车次范围不足时,向中国铁路总公司申请车次,不得自行确定车次。旅客列车车次见表8-1,其他列车车次见表8-5。

旅客列车以外的其他列车车次表　　　　　表 8-5

序号	列车种类		车　次
一	特快货物班列(160km/h)		X1～X198
二	货物列车		
1	快运货物列车		
	(1)快速货物班列(120km/h)		X201～X398
	(2)货物快运列车(120km/h)	直通	X2401～X2998
		管内	X401～X998
	(3)中欧、中亚集装箱班列，铁水联运班列		
	中欧、中亚集装箱班列(120km/h)		X8001～X8998
	中亚集装箱(普通货车)		X9001～X9500
	水铁联运班列(普通货车)		X9501～X9998
	(4)普快货物班列		80001～81998
2	煤炭直达列车		82001～84998
3	石油直达列车		85001～85998
4	始发直达列车		86001～86998
5	空车直达列车		87001～87998
6	技术直达列车		10001～19998
7	直通货物列车		20001～29998
8	区段货物列车		30001～39998
9	摘挂列车		40001～44998
10	小运转列车		45001～49998
11	重载货物列车		71001～77998
12	自备车列车		60001～69998
13	超限货物列车		70001～70998
14	保温列车		78001～78998
三	军用列车		90001～91998
四	单机和路用列车		50001～58998

(二) 列车编组

1. 旅客列车的编组

动车组以外的旅客列车按列车编组表编组，机车后第一位编挂一辆未搭乘旅客的车辆作为隔离车。行李车、邮政车、发电车等非乘坐旅客的车辆应分别挂于机车后第一位和列车尾部，起到隔离作用；在装设集中联锁的区段，并设有列车运行监控装置时，旅客列车可不挂隔离车。如隔离车在途中发生故障摘下时，可无隔离车继续运行。局管内旅客列车经铁路局长批准，可不隔离。

2. 货物列车的编组

怎样正确地组织重、空车流，并合理地将规定车辆编入相应列车向目的地运送，这就是货物列车的编组问题。

铁路要根据货车车流流向、流量、流程,制订货物列车编组计划,使全路编组的列车互相配合、互相衔接,成为统一的整体,保证各站产生的车流都能迅速而经济地运送到目的地。

货物列车编组计划是全路车流组织计划,由装车地直达列车方案和技术站列车编组方案两大部分组成。它根据全路车流结构、各站设备能力和作业条件,统一安排全路各站的解编作业任务,具体规定全路各货运站、编组站和区段站编组货物列车的种类、到站及车组编挂办法。

首先在装车站利用自装车流编组装车地直达列车。装车地直达列车能最大限度地减少中间作业环节,降低运输成本,减轻运行途中有关技术站的改编作业负担,加速机车车辆周转和货物送达。

没有被装车地直达列车吸收的车流,要将其送往技术站加以集中,以便和技术站自装车流汇合在一起,分别编组不同种类和到站的列车。

 列车运行图及通过能力

(一) 列车运行图

1. 列车运行图的概念及作用

列车运行图是列车运行的图解形式,是全路组织列车运行的基础。列车运行图规定了各次列车占用区间的顺序,列车在每个车站的到、发或通过时刻,列车在区间内的运行时间和在各车站的停站时间及机车交路,列车的质量和长度标准等。

列车运行图是利用坐标原理来表示列车运行的一种图解。它以垂直线等分横轴表示时间,将纵轴按一定比例用横线划分,每一横线表示一个车站中心线的位置,图上的斜线称为列车运行线。

列车运行图不仅是日常指挥列车运行的重要依据,而且也是保证行车安全、改善铁路技术设备运用、加速机车车辆周转、提高铁路通过能力和运营工作水平的重要工具。

2. 列车运行图的分类

列车运行图有多种不同的分类方法。

(1) 按使用范围的不同划分

①铁路内部使用的列车运行图:铁路组织运输生产的依据,是以图的形式表现的列车运行图。

②社会使用的列车运行图:对铁路来说是铁路运输产品的供销计划,而对社会用户来说,则是旅客安排旅行计划、货主安排货物销售计划的依据。为便于社会使用,目前在我国有旅客列车时刻表和以表的形式表现的列车运行图。

(2) 按区间正线数目的不同划分

列车运行图可以分为单线运行图、双线运行图和单双线运行图。

①单线运行图是指在单线区段,上下行列车都在同一条正线上运行,因此,列车的交会必须在车站上进行,区间上绝不能出现上下行列车运行线的交点,如图 8-7 所示。

②双线运行图是指在双线区段,上下行列车在各自的正线上运行,互不干扰,列车可以在区间内或车站上进行交会,但列车的越行必须在车站上进行,如图 8-8 所示。

单双线运行图指的是在有部分双线的区段上铺画出的运行图,它分别具有单线运行图和双线运行图的特征。

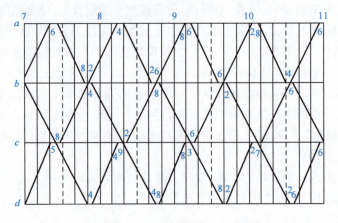

图 8-7　单线成对非追踪平行运行图

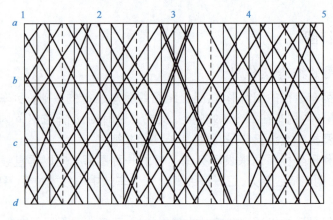

图 8-8　双线追踪非平行运行图

(3) 按同方向列车运行速度的不同划分

运行图又分为平行运行图和非平行运行图。

①平行运行图指的是在同一区间内,同方向列车运行速度相同,因而铺画出的列车运行线相互平行,且在区段内无列车的越行,如图 8-7 所示。

②非平行运行图指的是同方向列车运行的速度不相同,因而铺画出的列车运行线出现不平行,且在区段内有列车的越行,如图 8-8 所示。

(4) 按上下行列车数目的不同划分

运行图又分为成对运行图和不成对运行图。在成对运行图上,上下行的列车数目相等,而不成对运行图中上下行的列车数目不相等。

(5) 按同方向列车运行方式的不同划分

运行图又分为追踪运行图和非追踪运行图。

①追踪运行图指的是在自动闭塞的双线(或单线)区段上,同方向列车以闭塞分区为间隔,实行追踪运行,如图 8-8 所示。

②非追踪运行图指的是在非自动闭塞的单线(或双线)区段上,同方向列车以站间或所间区间为间隔,实行非追踪运行,如图 8-7 所示。

应该指出,上述分类都是针对列车运行图的某一特点而加以区别的。实际上,每张列车运行图都具有多方面的特点,例如某一区段的列车运行图,它既是双线的、非平行的,又是追踪的。

(二) 铁路区段通过能力

通过能力是指在一定的机车车辆类型和一定的行车组织方法的条件下,铁路区段内的各种固定设备,在单位时间内(通常指一昼夜)所能通过或接发的最多列车对数或列车数。

铁路区段通过能力是指铁路区段内各种固定设备,如区间、车站、机务段设备、给水设备、电气化铁路的供电设备,其中通过能力最薄弱的设备能力,也称为区段的最终通过能力。与铁路行车组织有关的是车站通过能力和区间通过能力。

1. 铁路车站通过能力

铁路车站通过能力是指车站在现有设备条件下,采用先进合理的技术作业过程,在一昼夜内所能通过或接发的最多列车对数或列数。它包括咽喉通过能力和到发线通过能力两部分。车站通过能力最后是由咽喉通过能力和到发线通过能力中的最小值决定的。

2. 铁路区间通过能力

铁路区间通过能力是指一个区间根据现有固定设备(区间正线数目、区间长度、线路纵断面、信号、联锁及闭塞设备等),在一定类型的机车、车辆和行车组织方法的条件下,一昼夜内所能通过的最多列车对数或列车数。

三、铁路运输调度指挥

(一) 铁路运输调度指挥系统及其基本任务

1. 铁路运输调度指挥系统

铁路运输是一个复杂的大系统,具有点多、线长、分工细、各作业环节紧密联系等特点。运输生产过程是在长距离的连续空间上进行的,涉及部门多、变化大、时间性强,常常是一点不通影响一线,一线不畅影响一片。

为使铁路这一庞大而复杂的系统能够不间断、均衡、高效运转,就必须对铁路的日常生产活动实行分级管理、集中统一指挥。为此,我国铁路的各级运输部门都建立了相应的调度机构,即中国铁路总公司设调度处、铁路局集团公司设调度所、车站(主要是编组站、区段站及大货运站)设调度室。

在各级调度机构中按照业务分工设有不同职名的调度员,如计划调度员、列车调度员、机车调度员、货运调度员、客运调度员等,分别代表各级领导掌管一定范围内的日常运输指挥工作。

2. 铁路运输调度工作的基本任务

铁路运输调度是铁路日常运输组织的指挥中枢,分别代表各级领导组织指挥日常运输工作。运输调度的基本任务是正确编制和执行运输工作日常计划,科学组织客流、货流和车流,搞好均衡运输,挖掘运输潜力,提高运输效率,经济合理地使用机车车辆及运输设备,与运输有关各部门紧密配合,协同动作,实现列车编组计划、列车运行图和运输方案,保证完成旅客运输计划、月度货物运输计划、技术计划,提高经济效率,努力完成铁路运输任务,为社会主义经济建设和国防服务。

(二) 铁路列车调度指挥系统(TDCS)

铁路列车调度指挥系统(TDCS)是实现铁路各级运输调度对列车运行透明指挥、实时调整、集中控制的现代化信息系统。TDCS 系统由中国铁路总公司 TDCS、铁路局 TDCS、车站 TDCS 三层网络结构组成。

铁路局调度指挥中心 TDCS 系统可以利用大屏幕显示管内的干线宏观图,对所管辖区段的车站、分界口、编组站、枢纽的列车运行情况进行监视,通过对列车进行追踪,实现列车自动报点,进行列车运行正点率统计和列车运行密度统计分析,及时下达阶段计划和调度命令等。

(三) CTC 调度行车工作

新一代调度集中 CTC 是以现代通信技术和分散自律控制为基础的分布式远程控制系统。它吸取了传统的经验和教训,充分考虑我国铁路客货混跑、调车作业多的实际情况,将调车控制纳入 CTC 功能中,系统无须切换控制模式即可实现行车作业和调车作业的协调办理,并且能够进行无人值守车站的调车作业,从而将调度集中的优势彻底发挥。

CTC 由调度中心子系统、车站子系统和调度中心与车站及车站之间的网络子系统三部分构成。

四、车站行车组织工作

车站行车组织工作的主要内容包括接发列车工作、列车及货车的技术作业工作和调车工作等。为了使车站各车间、各工种协调而有节奏地进行日常运输生产,充分发挥技术设备的效能,技术站和货运站均设有调度机构,通过制订车站作业计划来组织指挥车站日常生产活动。

(一) 接发列车工作

接发列车工作是车站(线路所)根据行车闭塞方式及技术设备条件,按照规定的程序,办理列车接、发、通过作业的整个过程,从而保证列车安全地从一个车站出发,到达或通过下一个车站。因此办理接发列车作业,保证不间断地接发列车、严格按列车运行图行车是对车站接发列车工作的基本要求。

接发列车时需办理的作业有如下几项。

1. 办理区间闭塞(预告)

在正常情况下,列车运行采用区间(或闭塞分区)间隔行车的方法,即同一时间和同一区间(或闭塞分区)内的一条正线上,只准许有一列列车运行,以防止同向列车追尾或对向列车正面冲突。为实现铁路行车上这一要求的技术设备,称为闭塞设备。因此,当列车进入区间前,两站间办理闭塞(预告)手续,是车站接发列车工作的首要作业程序。

2. 布置与准备列车进路

列车到达、出发或通过车站所需占用的一段站内线路称为列车进路。为保证列车运行的安全,列车到达或出发之前,车站值班员应正确发布准备列车进路的命令,及时停止影响列车进路的调车工作。

3. 开放和关闭进站信号或出站信号

只有在闭塞(预告)手续办理完毕,列车进路确已准备妥当以后,才能开放进站或出站信号,在列车进入或开出车站之后,应及时关闭信号。

4. 交、接行车凭证

此处的行车凭证是指出站信号机显示的允许运行的信号以外的允许列车出站占用区间的"证件",如绿色许可证、路票等。正常情况下,在采用自动闭塞、自动站间闭塞或半自动闭塞的区段,列车占用区间的许可是出站信号机的进行显示,此时接发列车,不必交接行车凭证。在非正常情况下,列车必须取得规定的行车凭证,才能向区间发车。

5. 接送列车及指示发车或发车

列车进出车站时,接发列车工作人员应在规定地点立岗接送列车,注视列车运行情况和货物装载状态,发现有危及人身、货物或行车安全的情况,应采取有效措施妥善处理。

车站发车人员只有在确认发车进路准备妥当,列车取得占用区间许可,影响进路的调车工作已经停止,列车技术作业已经办理完毕以后,方可按规定时刻显示发车信号或使用列车无线调度通信设备通知司机发车,准许列车由车站出发。

6. 开通区间及报点

列车到达或出发之后,车站值班员应及时办理区间开通,并将列车到、发时刻通知邻站及向列车调度员报告并登记行车日志。

(二) 技术站货物列车及货车的技术作业

1. 基本概念

为了保证列车运行安全和货物完整,货物列车在始发站、终到站和运行途经技术站的到发线上及摘挂列车在中间站办理的各项技术作业,统称为货物列车技术作业。货车自到达车站时起,至由车站发出时止,在车站办理的各项技术作业,统称为货车技术作业。

2. 技术站办理的货物列车的种类

(1)无改编中转列车:在该技术站不进行改编作业,而只在到发场进行到发技术作业后继续运行的列车。

(2)部分改编中转列车:在该技术站需要变更列车质量、变更运行方向和换挂车组的列车。

(3)到达解体列车:在该技术站进行解体的列车。

(4)自编始发列车:由该技术站编成的列车。

3. 技术站办理的货车种类

货车按其在车站所办理的技术作业,分为中转车和货物作业车两种,中转车又分为无调中转车和有调中转车。

(1)无调中转车:随无改编中转列车或部分改编中转列车到达,在该站只进行到发技术作业后,又随原列车继续运行的货车。

(2)有调中转车:随到达解体列车或部分改编中转列车到达,在该技术站经过解体、调车、编组作业后,再随自编始发列车或另一列部分改编中转列车继续运行的货车。

(3)货物作业车(或称本站作业车):随到达解体列车或部分改编中转列车到达,需在车站进行装卸或倒装作业的货车。它包括一次货物作业车和双重货物作业车。

4. 货物列车及货车技术作业项目

货物列车到达技术站或列车编组完了后,需在技术站的到达场、出发场或到发场上对列车办理一系列的技术作业。虽然各种列车所需办理的作业内容和要求不完全相同,但下列一些技术作业都是必须办理的。

(1)车辆的技术检修作业(包括摘挂机车及试风);
(2)列尾作业员技术作业;
(3)车辆的货运检查及整理;
(4)车号员检查、核对现车;
(5)车列及票据交接;
(6)准备发出及发车。

除此以外,到达解体列车还应进行准备解体作业;部分改编中转列车还应进行摘挂车辆的调车作业。

有调中转车一般要经过到达作业、解体作业、集结过程、编组作业和出发作业;无调中转车随中转列车到达车站,并随原列车出发,因此,在站的技术作业与无改编中转列车在站的技术作业相同。

一次货物作业车一般要经过到达作业、解体作业、送车作业、装车或卸车作业、取车作业、集结过程、编组作业和出发作业。

双重货物作业车一般要经过到达作业、解体作业、送车作业、卸车作业、调移、装车作业、取车作业、集结过程、编组作业和出发作业。

(三)调车工作

调车作业方法按使用设备的不同可分为牵出线调车和驼峰调车。

(1)牵出线调车是一种最基本的调车作业方式,通常有推送调车法和溜放调车法两种。

推送调车法是利用机车将车辆从一股道调送到另一股道的指定地点,停妥后再摘车的调车作业方法。这种调车作业方法安全可靠,但调车效率较低。

溜放调车法是利用机车推送车列达到一定速度,并在推进中将计划摘下的车组提钩,司机根据调车长的信号指示减速制动,被摘下的车组借助所获得的动能溜向指定地点,由制动员用人力制动机使之停车或与停留车安全连挂的调车作业方法。

(2)驼峰调车是编组站解体车列采用的主要方法,它是利用车辆本身的重力,辅以机车的一定推力,使摘下的车辆由峰顶自行溜入峰下调车场指定线路,由制动员使用铁鞋或车辆减速器、减速顶、加减速小车等使之停车或与停留车安全连挂的调车作业方法。

车列解体作业过程主要包括:挂车(牵出)、推送、溜放、整理。

车站的调车工作,由车站调度员(未设调度员时由车站值班员)统一领导,每个调车组由调车长单一指挥。调车工作必须遵守《铁路技术管理规程》《铁路车站行车工作细则》及其他有关规定,保证调车安全、提高调车效率。

(四)车站作业计划

车站作业计划是为保证完成铁路局的日(班)计划任务,实现列车运行图、列车编组计划的行动计划。

车站作业计划包括班计划、阶段计划和调车作业计划。班计划是车站最基本的计划,它体现铁路局调度部门对车站规定的任务和要求,由站长或主管运输的副站长按照铁路局调度的要求编制;阶段计划是一个班各阶段工作的具体安排,是完成班计划的保证,由车站调度员根据该阶段工作开始前的具体情况编制;调车作业计划是列车解体、编组和车辆取送作业的具体行动计划,由调车区长编制。

第四节 铁路运输安全

一、铁路运输安全的意义

铁路运输安全是运输生产系统运行秩序正常、旅客生命财产无险、货物和运输设备完好无损的综合表现。铁路运输生产的根本任务就是把旅客和货物安全、及时、准确地运送到目的地,这就决定了铁路运输企业必须把安全生产摆在各项工作的首要位置。因此,确保铁路运输安全具有重要的意义。

(1) 铁路运输安全是法律赋予铁路运输企业的义务和责任。
(2) 铁路运输安全是和谐社会和经济建设的必要保证。
(3) 铁路运输安全是铁路运输产品质量的重要体现。
(4) 铁路运输安全是铁路运输各部门工作质量的重要体现。
(5) 铁路运输安全是铁路改革与发展的重要保证。

二、行车安全

在铁路运输安全中,行车安全是最主要工作,也是最容易产生不安全因素的工作环节,铁路运输中的大部分不安全现象都是在行车过程中出现的。

铁路机车车辆在运行过程中发生冲突、脱轨、火灾、爆炸等影响铁路正常行车的事故,称作铁路行车事故。

(一) 行车事故的分类

按照事故的性质、损失及对行车造成的影响,行车事故分为特别重大事故、重大事故、较大事故和一般事故。

1. 特别重大事故

有下列情形之一的,为特别重大事故:

(1) 造成 30 人以上死亡,或者 100 人以上重伤(包括急性工业中毒,下同),或者 1 亿元以上直接经济损失的。
(2) 繁忙干线客运列车脱轨 18 辆以上并中断铁路行车 48h 以上的。
(3) 繁忙干线货运列车脱轨 60 辆以上并中断铁路行车 48h 以上的。

2. 重大事故

有下列情形之一的,为重大事故:

(1) 造成 10 人以上 30 人以下死亡,或者 50 人以上 100 人以下重伤,或者 5000 万元以上 1

亿元以下直接经济损失的。

（2）客运列车脱轨18辆以上的。

（3）货运列车脱轨60辆以上的。

（4）客运列车脱轨2辆以上18辆以下,并中断繁忙干线铁路行车24h以上或者中断其他铁路线路行车48h以上的。

（5）货运列车脱轨6辆以上60辆以下,并中断繁忙干线铁路行车24h以上或者中断其他线路铁路行车48h以上的。

3. 较大事故

有下列情形之一的,为较大事故：

（1）造成3人以上10人以下死亡,或者10人以上50人以下重伤,或者1000万元以上5000万元以下直接经济损失的。

（2）客运列车脱轨2辆以上18辆以下的。

（3）货运列车脱轨6辆以上60辆以下的。

（4）中断繁忙干线铁路行车6h以上的。

（5）中断其他线路铁路行车10h以上的。

4. 一般事故

造成3人以下死亡,或者10人以下重伤,或者1000万元以下直接经济损失的为一般事故。

根据事故具体造成人员伤亡及经济损失情况,一般事故又分为一般A类事故、一般B类事故、一般C类事故、一般D类事故。

事故分类中的伤亡人数及经济损失款额后的"以上"包括本数,"以下"不包括本数。

（二）行车事故的预防

预防行车事故,确保行车安全,必须加强领导,坚持把安全工作摆到各级领导的重要议事日程；加强政治思想工作,教育广大职工坚持"安全第一、预防为主"的基本方针；严格遵守劳动纪律,认真执行规章制度；加强科学管理,开展群众性的安全生产活动,及时消除隐患；正确处理行车安全与效率、效益的关系；加强职工的技术培训工作,发动广大职工努力钻研技术业务,不断提高技术水平；采用新技术、新设备,搞好设备养护维修,不断提高技术设备质量；对长期坚持安全生产和防止事故有功人员给予表扬和奖励,养成安全工作习惯,克服侥幸心理；加强职工心理素质训练,提高安全心理的稳定性；建立安全监察机构、健全安全监察体制。

三 人身安全

在铁路运输生产过程中,确保职工人身安全是日常工作的重要内容之一。因此,除了不断改善劳动条件和设备条件外,应经常组织宣传、学习、贯彻、落实人身安全的有关规定,确保职工人身安全,保证生产任务的顺利完成。

（一）人身安全要求

（1）接班前充分休息。

（2）班前、班中严禁饮酒。

(3)班中按规定着装,佩戴规定证章和防护用品。

(4)顺线路行走时,应走两线路中间,并注意邻线的机车、车辆和货物装载状态,严禁在道心、枕木头上行走。不准脚踏钢轨面、道岔连接杆、尖轨等。

(5)横越线路时,应"一站、二看、三通过",注意左右机车、车辆动态及脚下有无障碍物。

(6)横越停有机车、车辆的线路时,先确认机车、车辆暂不移动,然后在距该机车、车辆较远处通过。严禁在运行中的机车、车辆前面抢越。

(7)必须横越列车、车列时,严禁钻车。应先确认列车、车列暂不移动,然后由通过台或两车车钩上越过,勿碰开钩销,要注意邻线有无机车、车辆运行。

(8)不准在钢轨上、车底下、枕木头、道心内坐卧或站立。

(9)严禁爬乘运行中的机车、车辆,严禁以车代步。

(二)人身伤亡的预防

行车事故的发生往往会导致人身伤亡,因此,预防人身伤亡除遵守预防行车事故的有关规定外,还应做到:

(1)加强铁路沿线的防护设施建设,特别是道口建设。

(2)强化铁路安全常识宣传,普及铁路安全知识。

(3)教育职工遵章守纪,按"人身安全要求"来要求自己。

复习思考题

1. 车票的作用有哪些?
2. 旅客运输生产过程由哪几个环节组成?
3. 行李的范围是如何规定的?
4. 包裹的分类是如何规定的?
5. 行李包裹运输事故分为哪几种?
6. 货物运输合同的凭证是什么?
7. 铁路货物运输的种类有哪些?
8. 何谓"一批"?一批的条件是什么?
9. 货物运到期限由哪几部分组成?
10. 货物发送作业和到达作业的环节有哪些?
11. 简述集装箱、超限货物、超长货物、危险货物和鲜活货物的含义。
12. 什么是列车?按运输性质列车如何分类?
13. 列车车次编制有哪些规定?
14. 货物列车应按哪些规定进行编组?
15. 什么是列车运行图?列车运行图如何分类?
16. 什么是通过能力?
17. 调度工作的基本任务是什么?
18. CTC系统由哪几部分构成?
19. 车站接发列车需办理哪些作业?

20. 技术站办理的货物列车有哪些？办理的货车有哪些？
21. 什么是调车？按其作业方法不同调车如何分类？
22. 车站作业计划包括哪些？
23. 行车事故如何分类？

参考文献

[1] 佟立本.铁道概论[M].8版.北京:中国铁道出版社有限公司,2020.
[2] 周平.铁道概论[M].2版.北京:中国铁道出版社,2015.
[3] 刘志强.铁道机车车辆[M].北京:中国铁道出版社,2007.
[4] 袁清武.车辆构造与检修[M].北京:中国铁道出版社,2008.
[5] 王勋.电气化铁道概论[M].北京:中国铁道出版社,2009.
[6] 刘转华,唐阳.动车组技术[M].成都:西南交通大学出版社,2010.
[7] 李晓村.机车新技术[M].北京:中国铁道出版社,2009.
[8] 张曙光.CRH1型动车组[M].北京:中国铁道出版社,2008.
[9] 张曙光.CRH2型动车组[M].北京:中国铁道出版社,2006.
[10] 张曙光.CRH5型动车组[M].北京:中国铁道出版社,2008.
[11] 马桂贞.铁路站场与枢纽[M].2版.成都:西南交通大学出版社,2003.
[12] 刘建国,辛筱流.高速铁路概论[M].北京:中国铁道出版社,2013.
[13] 国家铁路局.铁路线路设计规范:TB 10098—2017[S].北京:中国铁道出版社,2017.
[14] 中国铁路总公司.普速铁路线路修理规则:TG/GW 102—2019[S].北京:中国铁道出版社有限公司,2019.

人民交通出版社股份有限公司 轨道与航空出版中心
高职交通运输与土建类专业系列教材

一、公共基础课
土木工程实用应用文写作(第二版)(朱　旭)……39元

二、专业基础课
1. 工程力学(上)(王建中)……34元
2. 工程力学(下)(王建中)……24元
3. 土木工程实用力学(第二版)(李　颖)……38元
4. 工程制图与识图(牟　明)……28元
5. 工程制图与识图习题集(牟　明)……20元
6. 工程地质(任宝玲)……29元
7. 工程地质(彩色)(沈　艳)……39元
8. 工程测量(第3版)(冯建亚)……48元
9. 土木工程材料(第3版)(活页式教材)
　（赵丽萍　何文敏）……89元
10. 混凝土结构(李连生)……35元
11. 钢筋混凝土结构(胡　娟)……39元
12. 土力学与地基基础(第二版)(靳晓燕)……45元
13. 施工临时结构检算(第2版)(李连生)……32元

三、专业课
(一)铁道工程/高速铁道工程技术专业
1. 铁道概论(第2版)(张　立)……35元
2. 铁路线路施工与维护(第二版)(方　筠)……46元
3. 高速铁路路基施工与维护(第2版)
　（安　宁）……65元
4. 高速铁路轨道施工与维护(第2版)
　（方　筠）……55元
5. 隧道施工(第3版)(宋秀清)……55元
6. 桥梁工程(付迎春)……46元
7. 铁路工程施工组织(吴安保)……27元
8. 铁路工程概预算(吴安保)……25元
9. 铁路工程概预算(第二版)(樊原子)……42元
10. 施工内业资料整理(徐　燕)……29元
11. 无砟轨道施工测量与检测技术(赵景民)……29元
12. 工程材料试验与检测(夏　芳)……38元
13. 铁路机械化养路(汪　奕)……38元
14. 道路与铁道工程试验检测技术(第二版)
　（白福祥　韩仁海）……45元
15. 混凝土(钢)结构检算(丁广炜)……32元
16. 施工企业财务管理(孔艳华)……44元

(二)城市轨道交通工程/地下与隧道工程技术专业
1. 城市轨道交通工程概论(张　立)……32元
2. 城市轨道交通工程(安　宁)……38元
3. 地下铁道(毛红梅)……35元
4. 地铁盾构施工(张　冰)……29元
5. 隧道施工(第3版)(宋秀清)……55元
6. 盾构构造与操作维护(毛红梅)……45元
7. 地铁车站施工(战启芳)……30元
8. 高架结构(刘　杰)……34元
9. 工程材料试验与检测(夏　芳)……38元
10. 城市轨道交通工程施工组织与概预算
　（王立勇）……86元
11. 城市轨道交通工程测量(钱治国)……39元
12. 施工内业资料整理(徐　燕)……29元
13. 地下工程监控量测(毛红梅)……39元
14. 隧道施工质量检测与验收(毛红梅)……38元
15. 工程机械(第2版)(卜昭海)……45元
16. 混凝土(钢)结构检算(丁广炜)……32元
17. 盾构法施工(陈　馈　焦胜军　冯欢欢)……49元

(三)道路与桥梁工程技术专业
1. 路基路面施工(叶　超　赵　东)……49元
2. 路基路面施工技术(梁世栋)……42元
3. 桥梁工程(付迎春)……46元
4. 公路工程施工组织与概预算(第二版)
　（梁世栋）……41元
5. 路基路面试验与检测(张小利)……34元
6. 工程材料试验与检测(夏　芳)……38元
7. 施工内业资料整理(徐　燕)……29元
8. AutoCAD2016道桥制图(张立明)……48元
9. 公路工程预算(罗建华)……33元
10. 建设法规实务(夏　芳　齐红军)……32元

(四)城市轨道交通运营管理/铁道运营管理专业
1. 城市轨道交通概论(叶华平)……35元
2. 城市轨道交通概论(翁　瑶　朱　鸣)……45元
3. 城市轨道交通行车组织(费安萍)……39元
4. 城市轨道交通安全管理(第二版)(李慧玲)……39.5元
5. 城市轨道交通应急处理(第二版)(李宇辉)……39元
6. 铁路客运组织(李　亚)……39元

了解教材信息及订购教材，可查询：天猫"人民交通出版社旗舰店"